BUDDHA E OS NEGÓCIOS

sair-se bem fazendo o bem

LLOYD M. FIELD, PH.D.

BUDDHA E OS NEGÓCIOS
sair-se bem fazendo o bem

Apresentação de Sua Santidade o Dalai Lama

Prefácio do mestre Hsing Yun

São Paulo
2009

©Lloyd Field, 2007

1ª Edição, Editora Gaia, São Paulo 2009

Diretor Editorial
JEFFERSON L. ALVES

Diretor de Marketing
RICHARD A. ALVES

Gerente de Produção
FLÁVIO SAMUEL

Coordenadora Editorial
DIDA BESSANA

Assistentes Editoriais
ALESSANDRA BIRAL
JOÃO REYNALDO DE PAIVA

Tradução
DENISE BOLANHO

Revisão
TATIANA Y. TANAKA
DENISE DOGNINI

Foto de Capa
EDER LUIZ MEDEIROS/FOLHA IMAGEM

Capa e Projeto Gráfico
REVERSON R. DINIZ

Dados Internacionais de Catalogação na Publicação (CIP)
(Câmara Brasileira do Livro, SP, Brasil)

Field, Lloyd M.
    Buddha e os negócios : sair-se bem fazendo o bem / Lloyd M. Field ; apresentação do Dalai Lama ; prefácio do mestre Hsing Yun ; [tradução de Denise Bolanho]. – São Paulo : Gaia, 2009.

    Título original: Business and the Buddha : doing well by doing good.
    ISBN 978-85-7555-194-3

    1. Budismo – Aspectos sociais 2. Negócios – Aspectos religiosos – Budismo – Budismo 3. Sabedoria – Aspectos religiosos – Budismo 4. Sucessão em negócios I. Lama, Dalai. II. Yun, Hsing. III. Título.

09-01125   CDD-294.3

Índices para catálogo sistemático:

1. Sucesso em negócios : Budismo : prática religiosa   294.3

Direitos Reservados

EDITORA GAIA LTDA.
(pertence ao grupo Global Editora
e Distribuidora Ltda.)

Rua Pirapitingui, 111-A – Liberdade
CEP 01508-020 – São Paulo – SP
Tel: (11) 3277-7999 / Fax: (11) 3277-8141
e-mail: gaia@editoragaia.com.br
www.editoragaia.com.br

Obra atualizada conforme o
Novo Acordo Ortográfico da Língua Portuguesa

Colabore com a produção científica e cultural.
Proibida a reprodução total ou parcial desta obra sem a autorização do editor.

Nº DE CATÁLOGO: **2997**

BUDDHA
E OS NEGÓCIOS
sair-se bem fazendo o bem

Para Joyce e Russell

Seu amor, sabedoria e apoio incondicionais, sejam quais forem as circunstâncias, são a base sobre a qual este livro foi escrito.

Com a lembrança de Kyra, vocês são as três joias de minha vida.

Sumário

Apresentação   11
Prefácio   13
Introdução: Se Buddha estivesse na sala da diretoria   17

Seção 1: Sintoma
Reconhecendo o problema

1 – Os três venenos: O que existe de livre na livre-iniciativa?   29
2 – Negócios para além do lucro: Uma visão para o futuro   41

Seção 2: Diagnóstico
A economia da espiritualidade

3 – Que tal Adam Smith?   53
4 – O fetiche do crescimento: Quem disse que tamanho importa?   63
5 – Tudo é regional na economia global   75

Seção 3: Prognóstico
O Caminho do Meio para uma organização saudável

6 – Elementos budistas: Dharma, Karma e as Quatro Nobres Verdades   99
7 – Oito são suficientes: Os princípios orientadores do Nobre Caminho Óctuplo   107
8 – O que Buddha valoriza? Budismo, economia e o mundo interligado   125

9 – Indo além dos resultados financeiros: Ética budista e
negócios   141

10 – A organização saudável   151

Seção 4: Prescrição
Percorrendo o caminho

11 – Avaliando o sucesso: A transição para a compaixão   167

12 – Convide Budha para sua reunião de diretoria: Mudando
seu mundo, seu local de trabalho e a si mesmo   179

Epílogo   193

Apêndice I
Resumo de sugestões para iniciar mudanças positivas
em nossas organizações   195

Apêndice II
Exercícios para consulta individual   199

Apêndice III
A prática: consciência plena de respiração com relaxamento   203

Glossário de termos budistas   207

Leitura adicional   211

Agradecimentos   217

Índice remissivo   219

Apresentação

No mundo em que vivemos, não há muita preocupação pelos valores humanos, ao passo que grande parte depende muito do dinheiro e do poder. Contudo, se a sociedade humana perder o valor de justiça, compaixão e honestidade, enfrentaremos dificuldades maiores no futuro. Algumas pessoas podem pensar que essas atitudes éticas não são muito necessárias em áreas como negócios ou política, mas discordo veementemente. A qualidade de todas as nossas ações depende da motivação.

Do meu ponto de vista budista, todos os pensamentos e as realizações se originam na mente. Portanto, faz uma grande diferença se valorizamos ou não a humanidade, a compaixão e o amor. Se tivermos um bom coração e a preocupação de melhorar a sociedade humana, seja na ciência, na política ou nos negócios, o resultado será benéfico. Quando temos uma motivação positiva, nossas atividades podem ajudar a humanidade, do contrário isso não acontecerá. Na área empresarial, por exemplo, a busca por lucros sem considerar suas consequências potencialmente negativas, quando bem-sucedida, sem dúvida alguma pode trazer muita satisfação. Mas, no final, pode haver sofrimento: o meio ambiente é poluído, nossos métodos inescrupulosos forçam outras pessoas a abandonar os negócios, as armas que fabricamos provocam morte e danos. Esses são alguns dos resultados óbvios. Como atualmente nossa vida é afetada em maior ou menor grau pelas decisões empresariais, o fato de estas serem ou não influenciadas pela compaixão assume um significado importante. Além disso, embora seja difícil provocar a mudança interior que dá origem à compaixão, vale a pena tentar.

Sinto-me muito motivado quando alguém como Lloyd Field, um admirador das qualidades essencialmente humanas *que* são o foco dos ensinamentos do Buddha, procura aplicá-las no mundo moderno de maneiras práticas *que* possam produzir amplos benefícios. Apesar de não estar nem um pouco interessado em aumentar o número de pessoas que se consideram budistas, estou ansioso para ver como as ideias budistas podem contribuir para o bem-estar geral. Assim, dou-lhe parabéns por seu esforço para tratar neste livro daquilo que ele vê como a ganância inerente ao capitalismo e o sofrimento que esta impõe, apresentando um modelo mais justo que inclui em seus objetivos a eliminação do sofrimento humano. Agora, a prioridade é colocar em prática esses modelos.

Tenzin Gyatso
Sua Santidade o Dalai Lama

Prefácio

Embora possa parecer que o budismo e a administração de empresas modernas pertençam a áreas diferentes, basicamente estes ainda fazem parte do mesmo todo, possibilitando a aplicação de determinados princípios semelhantes. Um empresário bem-sucedido precisa não somente ter conhecimento profissional e sólida ética de trabalho, mas também desejo e disposição para iniciar novos empreendimentos. Para assegurar um negócio bem-sucedido, precisamos separar a verdade da mentira e ter coerência nas palavras e nas atitudes. Precisamos também de uma determinação inabalável e manter os pés no chão – só assim seremos capazes de realizar nossos objetivos em qualquer esfera.

O ideal no budismo é contribuir sem pedir recompensas; em todas as atividades, a intenção budista é beneficiar todas as criaturas. Com base na sabedoria do ensinamento de Buddha e no espírito de contribuição altruísta, os budistas podem retribuir à sociedade criando empreendimentos que beneficiam todos. Se as empresas puderem deixar de lado a mentalidade voltada apenas para os lucros e aprender com o espírito empreendedor budista, estas também serão mais bem-sucedidas e capazes de contribuir mais para melhorar a sociedade.

Field é doutor em Filosofia em Gestão de Recursos Humanos e tem sido consultor de negócios durante mais de 30 anos. Os empresários sêniores o respeitam por seu valioso *insight* e pelas contribuições à gestão de recursos humanos. Neste livro, dr. Field utiliza as Quatro Nobres Verdades para analisar o funcionamento do sistema econômico e refletir sobre este. Também nos mostra como aplicar a mensagem de alegria do Buddha à comunidade empresarial e ajuda-nos a trabalhar na direção de uma família, carreira e vida mais felizes.

Isso corresponde ao ideal do Budismo Humanista que defendo, o qual ensina a aplicação de um espírito transcendental para lidar com questões mundanas, com atenção especial à felicidade e ao bem-estar das pessoas nesta vida atual e na vida cotidiana.

Dr. Field visita regularmente a International Buddhist Progress Society em Toronto para discutir os ensinamentos de Buddha. Realmente é muito raro sermos capazes de aplicar as teorias budistas à prática diária; essa mesma ênfase oferecida por dr. Field é louvável. Assim, alegremente, escrevi este prefácio.

Venerável Mestre Hsing Yun
Fundador da Fo Guang Shan Buddha's Light International Association

"Nunca duvide de que um pequeno grupo de cidadãos dedicados e conscientes possa mudar o mundo. Na verdade, é a única coisa que tem acontecido."

Margaret Mead

Introdução

Se Buddha estivesse na sala da diretoria

Encontrei pouca "alegria" nos milhares de locais de trabalho que visitei durante meus mais de 30 anos como consultor de negócios. Alegria, felicidade, satisfação com a vida e a carreira ou prazer no valor intrínseco inerente ao trabalho sendo realizado: todas estas qualidades Mas será que deveríamos esperar encontrá-las em fábricas e locais de trabalho na América do Norte?

A alegria não é um requisito no local de trabalho. Certamente é maravilhoso quando ocorre, mas isso não faz parte de nenhum dos planos empresariais estratégicos que analisei. E, de acordo com os trabalhadores, a satisfação significativa no trabalho é muito rara e fugaz.

Naturalmente, isso não significa que líderes empresariais bem intencionados e trabalhadores prefiram a insatisfação; quer dizer que, quando paramos de desejar que a delegação de poderes ou a satisfação façam parte do trabalho de todos, incluindo o nosso, enfrentamos a realidade de fazer parte de uma atividade que visa a lucros, não à satisfação do trabalhador. Chegamos a essa conclusão porque não fomos expostos a outras opções nem a formas de pensar alternativas. A maioria das pessoas não olha para além de nosso modelo econômico – o capitalismo – para questionar se este realmente é um sistema aceitável e imutável.

Contudo, por diversas razões pessoais e profissionais, cheguei a uma conclusão muito diferente. Cerca de um ano após a morte de minha filha, um amigo sugeriu que eu lesse um livro chamado *The heart of the Buddha's teaching*, do monge vietnamita o Venerável Thich

Nhat Hanh. Esse foi o começo de uma jornada, que continua até hoje, pelas descobertas e ensinamentos de um homem chamado Siddharta Gautama, mais conhecido como Buddha.

Os ensinamentos de Buddha eram diferentes de qualquer filosofia ocidental que eu já discutira ou lera. Desde o início, sua mensagem reconhecia que o sofrimento em minha vida (luto, depressão) e aquele que eu via no mundo dos negócios eram parte da condição humana. Não importava quem fosse o líder ou a empresa que eu consultava, o sofrimento era, e é, parte da vida. Mas – e para mim esta foi a revelação – o sofrimento podia ser superado: a alegria também poderia ser a característica de nossa vida profissional e pessoal.

Para isso acontecer, precisamos começar conosco – como fez Buddha – e explorar as razões do sofrimento, descobrindo como nos libertar de suas causas para viver uma vida feliz. Precisamos reconhecer o sofrimento como reconhecemos a alegria; ambos são o resultado de escolhas que fazemos a todo instante.

O sofrimento é uma realidade – e existem meios para irmos do sofrimento à alegria, à satisfação e à felicidade sustentadas pela sabedoria, pelo comportamento ético e pela compaixão. Sugiro que é possível aplicar a mensagem de Buddha em nosso sistema econômico e em sua criação mais poderosa: a corporação.

Preocupações globais: todos nós estamos sofrendo

Não somos uma sociedade global de pessoas saudáveis, bem alimentadas, bem vestidas e educadas. Estatisticamente, por um lado somos uma sociedade de extrema riqueza, poder, influência e fartura e, por outro, de pobreza, doença e impotência. Em cada dez pessoas que vivem neste planeta, pelo menos nove vivem na pobreza. As consequências da busca contínua por dinheiro da minoria incluem disparidades econômicas regionais e internacionais, pobreza, epidemias, um meio ambiente ameaçado e muito mais.

> O excesso, e suas diversas manifestações, resultou em menos de 20% da população mundial vivendo com mais de 80% dos recursos do planeta e possuindo mais de 80% da

> riqueza mundial. Dados recentes publicados pelo Banco Mundial confirmam a magnitude dessa desigualdade global. No ano de 2000, a população total nos países em desenvolvimento era de 5,2 bilhões de pessoas. Desse número, 1,2 bilhão vivia com menos de um dólar por dia e 2,8 bilhões com menos de dois dólares por dia – um total de quatro bilhões de pessoas. O crescimento estimado da população entre 2000 e 2015 será de 1 bilhão de pessoas e 97% delas viverão em países em desenvolvimento. Em 1960, a renda média dos 20 países mais ricos era 15 vezes maior do que a dos 20 países mais pobres. Em 2000, esta era 30 vezes maior.

O comportamento de governos em países desenvolvidos e de executivos e acionistas de empresas transnacionais reforça o sofrimento. Veja o caso das patentes farmacêuticas. Noventa e cinco por cento das pessoas com o vírus HIV moram em países em desenvolvimento. Seus governos não têm direito a produzir drogas genéricas de combate à Aids. De muitas maneiras, os apegos que criam a relutância para erradicar esses problemas são a doença mais insidiosa e fatal conhecida pela humanidade. Entretanto, o antídoto – bondade amorosa, compaixão e generosidade – está a nossa disposição em grande quantidade. Esse é nosso direito como seres humanos. Mas até despertarmos novamente para esse potencial, não teremos acesso a ele.

Nosso apego aos bens de consumo e serviços – que se origina de nossas ânsias e desejos – é uma forma de sofrimento. Esse apego afeta de maneira negativa a humanidade todos os dias, praticamente em todas as partes do mundo, na forma de dívidas, doenças físicas e emocionais, bem como vícios, pobreza, abuso ecológico e guerra. A aquisição desenfreada de uma quantidade maior de bens não soluciona a dor; esta é mascarada ou agravada. O vislumbre de esperança, nossa janela de oportunidade, é que nós, como sociedade e tudo aquilo que criamos, estamos em *constante estado de mudança*. Podemos assumir a direção dessa mudança.

Budismo como parte da solução

O budismo consiste em evitar os extremos em nossa vida e encontrar alegria, felicidade e paz interior pelo Caminho do Meio. A livre-iniciativa consiste na geração de lucros pela satisfação das necessidades (sem levar em consideração quem as criou) em um mercado competitivo. À primeira vista, estes dois sistemas podem parecer irreconciliáveis.

Contudo, durante 2500 anos de história budista e dois séculos e meio de capitalismo, ambos mostraram a habilidade para se adaptar a novas ideias, culturas e nações. A mensagem de sabedoria, moralidade e compaixão de Buddha provou ser notavelmente adaptável. É por isso que o budismo, durante as últimas cinco décadas, teve um crescimento tão fenomenal na Europa e na América do Norte. Não retira nada de uma cultura; apenas acrescenta valores – responsabilidade pessoal, integridade, comportamento ético e espiritualidade.

Nos negócios, o raciocínio lógico sempre foi lucrar o suficiente para pagar dividendos ou oferecer aos acionistas um retorno de investimento. O budismo com certeza não se opõe a essa prática. Exceto pelo fato de que – e esta é uma questão importante – Buddha estava preocupado em saber *como* a riqueza é adquirida e como os indivíduos se tornam apegados a ela. Assim, a aquisição e a distribuição da riqueza tornam-se questões éticas e morais cruciais.

Este livro oferecerá uma nova abordagem criada a partir de comportamentos adequados, fundamentados nas intenções e nos valores humanos. Essencialmente, demonstrará que devemos trazer uma filosofia de valores humanos para uma cultura econômica de valores neutros. É disso que trata este livro: apresentar uma forma de pensar nova e necessária, oferecendo à livre-iniciativa um sistema de valores baseados na humanidade.

O pensamento baseado na humanidade não é tão impossível quanto possa parecer em um ambiente capitalista. A cooperação pode ser uma alternativa viável para a competição. Lembre-se de que as pessoas geram lucros e não o contrário.

Essa perspectiva diferente precisa de pessoas como você e como eu para começar um diálogo intenso sobre a resolução do sofrimento humano. Se nossa sociedade tem a capacidade intelectual e os recursos financeiros para mapear o DNA, criar armas de destruição em massa e explorar nosso sistema solar, podemos ter certeza de que tem a capacidade para lidar mais efetivamente com os problemas associados ao sofrimento humano.

Na verdade, acredito que a livre-iniciativa ou o capitalismo possam *contribuir* para a diminuição do sofrimento.

Budismo para a sala da diretoria

É improvável que uma única corporação se oponha ao sistema e seja a única em seu setor a começar a incluir valores humanos e a preocupação pela sociedade mais ampla em seus planos empresariais. Entretanto, a recente popularidade de ações éticas e investimentos "verdes" são um exemplo de em que âmbitos o mercado pode levar a diretoria a repensar seus valores corporativos. Mas esperar pelo mercado não é bom o suficiente. Ao esperar o *feedback* do consumidor para se decidirem contra o trabalho infantil na indústria têxtil, por exemplo, os líderes corporativos estão dizendo claramente que seu único objetivo é o lucro.

> De acordo com Buddha, existem três "venenos" – estados mentais que são as raízes de todo o sofrimento. Os Três Venenos são a ganância, a aversão e a ignorância. Quando nossos comportamentos e intenções são baseados em um ou mais desses venenos, a consequência será o sofrimento para nós e para os outros.

É claro que nenhum empresário ou executivo está intencionalmente planejando causar o sofrimento humano. Mas, quando este é provocado, quase sempre é o resultado de líderes que, de uma ou de outra maneira, estão apegados a um ou mais dos Três Venenos (veja o quadro acima).

O objetivo do budismo é a libertação do sofrimento. Ser libertado, de acordo com o budismo, é nos livrarmos do apego a coisas e ideias transitórias. Para alcançar isso, Buddha prescreveu um caminho de oito passos que nos afasta do sofrimento e conduz ao despertar da pessoa como um todo. Esse Caminho só pode ser seguido quando compreendemos nossas intenções, nossos pensamentos e ações.

Os ensinamentos de Buddha, as Quatro Nobres Verdades, são o modelo para a organização deste livro. Se aceitarmos a primeira premissa de Buddha, ou a Primeira Nobre Verdade, a de que a "vida é permeada de sofrimento", poderemos compreender a Segunda e Terceira Verdades como passos lógicos no caminho para encontrar uma saída para deixar o sofrimento.

A visão de mundo budista é holística: acredita que aquilo que alivia nosso sofrimento também alivia o sofrimento dos outros. Ao nos desvencilharmos gradativamente dos Três Venenos e dos excessos que estes trazem à prática da livre-iniciativa, começamos a criar uma comunidade mais saudável e mais feliz para nós mesmos, para os negócios e a sociedade.

Este livro destina-se àqueles que tomam decisões. Também é para aqueles que estão sofrendo e desejam encontrar uma saída para poder começar a aproveitar plenamente a vida, a família, a carreira e o local de trabalho. Este livro é para pessoas dispostas a abrir a mente para ideias diferentes a respeito de como a sociedade pode ser estruturada e como as organizações podem ser dirigidas. Convido-o a ser meu companheiro nesta jornada pelo mundo dos negócios e do budismo.

E, como um tranquilo encorajamento para fazer escolhas potencialmente desafiadoras ao longo do caminho, convido-o a visualizar Buddha sentado em sua sala de reuniões em silenciosa meditação, um símbolo de sabedoria, ética e compaixão.

As Quatro Nobres Verdades são a base dos ensinamentos de Buddha

- *Primeira Nobre Verdade: o sofrimento existe.*
    Nesse sentido, o sofrimento inclui todas as sensações e experiências desagradáveis – tanto materiais (um punho quebrado, perda de emprego, incêndio na casa, falência financeira) como mentais (ignorância, depressão, ansiedade, luto). Todo sofrimento tem começo e fim: aparece e acaba – resumindo, é transitório.

- *Segunda Nobre Verdade: a causa do sofrimento é o agarrar-se, desejo, apego.*

  Esse é o desejo que surge pelo contato entre os sentidos e um objeto ou ideia. Na visão budista, o corpo tem seis órgãos sensoriais: olhos, ouvidos, nariz, língua, corpo (relacionado ao toque) e mente. Em geral, a grande ânsia ou o desejo é por uma vida sem envelhecimento, dor ou até mesmo morte, ou de que as coisas materiais em nossa vida "melhorem". O reconhecimento de que o apego a qualquer ideia ou objeto provoca dor está na essência da Segunda Nobre Verdade.

- *Terceira Nobre Verdade: a libertação do sofrimento existe.*

  Podemos nos libertar da ignorância percebendo que não conseguimos interromper o ciclo de mudança (ou evitar a morte, a doença, a dor e a velhice), mas que temos condições de parar de investir no ponto de vista ilusório que traz o sofrimento. Podemos fazer isso percebendo que o acúmulo de bens materiais e a aquisição de propriedades (que com o tempo vão precisar de seguro, reparos, reciclagem etc.) não acrescentam nada a nossa vida espiritual. A partir de uma perspectiva budista, o apego que sofremos agora e a libertação do ciclo de desejo resultam de nossas intenções e ações. Somos capazes de fazer algo a respeito de nossas ações compreendendo o apego que estas atraem e reconhecendo o *karma* e a Lei de Causa e Efeito.

- *Quarta Nobre Verdade: a prescrição.*

  A Quarta Nobre Verdade de Buddha mostra a saída para deixar o sofrimento e o apego: o Nobre Caminho Óctuplo. Se aplicarmos essa prescrição a cada aspecto de nossa vida, de acordo com Buddha, esse será o Caminho para deixar o sofrimento. O Caminho é composto de oito princípios orientadores, fundamentais tanto para o pensamento budista quanto para a reconsideração do pensamento corporativo ocidental que estou encorajando. Os oito "desdobramentos" do Caminho são:

- entendimento correto;
- intenção correta;
- fala correta;
- ações corretas;
- meio de vida correta;
- esforço correto;
- concentração correta;
- meditação correta.

(Veja também o Capítulo 7.)

Seção 1: Sintoma
Reconhecendo o problema

"A utilização mais elevada do capital não é ganhar mais dinheiro, mas ganhar dinheiro para melhorar a vida."

Henry Ford

1
OS TRÊS VENENOS:

O que existe de livre na livre-iniciativa?

As práticas empresariais antiéticas, apesar de infelizmente serem cada vez mais familiares, são um bom exemplo da livre-iniciativa irrestrita ou não regulamentada. A livre-iniciativa *levada a esses extremos* é o que precisa ser mudado.

É da natureza dos capitalistas defender a menor quantidade possível de regras e regulamentos ("Deixe que o mercado decida" é o mantra). Contudo, quando há excessos, vemos governos conduzindo investigações para determinar a identidade dos transgressores e para estabelecer novas regras ou aplicar as já existentes.

Quando era presidente da U.S. Federal Reserve Board, Alan Greenspan referiu-se à enorme ocorrência de corrupção corporativa – Enron, WorldCom, Tyco International etc. – como sintomática da "ganância infecciosa". Ele culpou essa ganância infecciosa por levar executivos a maquiar os balanços e a aumentar artificialmente o valor das ações. Em uma entrevista, Greenspan postulou que o rápido crescimento da capitalização do mercado de ações no final dos anos 1990 criou mais oportunidades para a avareza.

Buddha iria ainda mais longe. As práticas corporativas que semearam essa ganância não são resultado de uma década particular no mercado de ações, mas *endêmicas da livre-iniciativa*. E a solução não é aumentar a vigilância reguladora, mas sim adotar uma visão mais holística e atenta que repense a maneira como os negócios são praticados no Ocidente.

> Um relatório recente da Pan-American Health Organization (parte da Organização Mundial da Saúde) afirmou que as companhias transnacionais de tabaco se envolveram em campanhas ativas, abrangentes e enganosas na última década na América Latina e no Caribe com relação aos efeitos prejudiciais do fumo passivo e à natureza de suas atividades. Essas campanhas publicitárias destinavam-se principalmente a atrasar ou evitar as restrições ao marketing do tabaco, o aumento de impostos e as restrições ao fumo em locais públicos e de trabalho.
>
> Os autores do relatório, que passaram mais de um ano analisando mais de dez mil páginas de documentos internos das empresas, concluíram que a Philip Morris Company e a British American Tobacco Company (que controlam a principal fatia do mercado na América Latina) agiram conscientemente para:
>
> • colaborar em campanhas contra ameaças comuns a sua indústria;
>
> • negociar com cientistas para adulterar a ligação feita pela ciência entre o fumo passivo e doenças graves;
>
> • manter segredo sobre qualquer ligação que esses cientistas possam ter mantido com a indústria do fumo;
>
> • planejar campanhas e programas para a "prevenção do fumo na adolescência", *principalmente* como exercícios de propaganda que visavam a desviar a regulamentação do marketing do tabaco;
>
> • aumentar sua participação em redes de contrabando;
>
> • influenciar representantes do governo;
>
> • ser bem-sucedidas no enfraquecimento ou eliminação da legislação sobre o controle do tabaco em diversos países.

Os limites do excesso

A ligação entre riqueza, egoísmo e a necessidade de mais compaixão é totalmente consistente com os princípios fundamentais do budismo. Se não for controlada, a ganância levará à avareza, ao ódio, à aversão e, com muita frequência, à guerra.

> "Nós vivemos em um mundo onde os 20% mais ricos da população são 60 vezes mais ricos do que os 20% mais pobres. Este é um mundo onde 400 multimilionários possuem mais riqueza do que metade da população mundial. Nossos líderes precisam compreender que o século XXI não pode sobreviver com a ética do século XX. Todos nós precisamos nos tornar menos egoístas, menos agressivos e descobrir em nossa alma a compaixão necessária para as pessoas mais pobres do planeta."
>
> *Oscar Arias, ex-presidente da Costa Rica e ganhador do Prêmio Nobel da Paz em 1987*

Buddha considerava a ganância (com os outros venenos da aversão e da ignorância sobre a realidade) uma das três principais causas do sofrimento humano. A ganância, nosso apego excessivo, é uma característica que todos manifestamos de maneiras conhecidas e desconhecidas.

Uma forma para lidar com o impulso para a ganância é praticar ativamente seu oposto: isto é, demonstrar generosidade, bondade amorosa e compaixão em todas as ações ou comportamentos. Posteriormente, neste livro, isso será examinado no contexto da *intenção correta*.

Na ganância, somos motivados por um apego ou um desejo: mais dinheiro, mais poder, cada vez mais bens materiais, o controle dogmático das nossas ideias, opiniões e pensamentos. De uma perspectiva corporativa, se o foco e a ênfase de uma empresa são sobretudo os lucros, então essa orientação voltada para os resultados financeiros estimulará a ganância. Não está na natureza do capitalismo se satisfazer com os números do ano passado.

Se quisermos viver uma vida de não sofrimento (uma vida alegre), os impulsos para a ganância devem ser mediados pela autodisciplina, pela responsabilidade por nossos pensamentos e ações e pela persistência em seguir o Caminho para sair do sofrimento. Mas controlar a ganância não é uma tarefa simples. É difícil viver no século XXI sem fortes motivações para ter mais, comprar mais e realizar mais. Nas sociedades ocidentais industrializadas, vemos a gênese dessa motivação como concorrência.

A livre-iniciativa não dissuade o empresário do excesso – ela comprovadamente estimula a ideia de que "mais é bom e mais ainda é melhor". Assim, a comunidade empresarial não tem uma tendência natural para controlar a aquisição excessiva. Portanto, as únicas maneiras que a sociedade tem para dizer que é hora de parar são a legislação, as regras e nossas escolhas de compra. Ou seja, você e eu precisamos ser os agentes da mudança, uma vez que aceitamos a ideia de diminuir nossos desejos e anseios no âmbito pessoal.

Há muitos exemplos desse tipo de intervenção social na livre-iniciativa. Consideremos, por exemplo, a lei da usura. No Canadá, é ilegal cobrar mais de 60% de juros ao ano e, nos Estados Unidos, as corporações não podem cobrar mais de 50%. Essas ainda são taxas de juros extremamente elevadas, mas a questão é que se decidiu que a modificação ou a regulamentação da livre-iniciativa "irrestrita" era mais vantajosa para a sociedade. Determinou-se um limite dentro do qual os negócios poderiam ser realizados. Esse precedente – estabelecer limites para os juros, que em algumas organizações influenciam diretamente a lucratividade da corporação – é evidência de que *o excesso corporativo pode ser (e já foi) controlado* sem causar a queda do capitalismo.

Não é fácil conseguir essas mudanças nas regras. Veja como a indústria do tabaco conseguiu influenciar as decisões de incluir seus produtos na lista de narcóticos ou de causadores de câncer. Nem mesmo as colossais multas – outra intervenção na livre-iniciativa – impediram os acionistas da "Big Tobacco" e suas equipes executivas de continuarem a popularizar seu produto.

O excesso é uma característica que investidores e executivos trazem para a corporação e nós, como acionistas, o reforçamos quando pressionamos para obter lucros cada vez maiores em nossos investimentos. Além disso, isso cria um mercado *reduzido*. Isto é, os concorrentes, especialmente as empresas pequenas e domésticas, serão excluídas do mercado. Este, por sua vez, será influenciado mais pela "mão invisível" da corporação do que pela do consumidor.

Assim, a solução para o excesso é essencialmente individual. Nenhuma solução com efeito duradouro pode ser imposta externamente. A tentativa de impor uma solução seria, possivelmente, outra forma de abuso. Só é possível lidar habilidosamente com a ganância por meio de *intenções e ações individuais*.

> "Contei algumas histórias para vender alimento
> E o vendi por duas moedas de prata.
> Coloquei uma moeda em cada mão
> Porque tive medo
> De que se eu colocasse as duas em uma só mão
> Essa grande pilha de riqueza iria me deter."
>
> *Rabi´a al-Adawiyya, poeta sufi do século XVIII*

É fundamental reconhecer que não são um sistema "imperfeito" nem uma sociedade "doente" nem "más" corporações que estão nos atraindo e nos tentando. O estado de excesso em que nos encontramos diz respeito a *nós*, como indivíduos, e aos nossos desejos. Apesar disso, o apego excessivo, como qualquer outro comportamento incorreto, pode ser modificado se tivermos sabedoria, generosidade e disciplina para isso.

Ganância

Com base nos comportamentos estabelecidos no sistema capitalista ocidental, espera-se que nós, como consumidores, desejemos mais – literalmente mais de qualquer coisa. Como consumidores, continuamente recriamos um sistema econômico que provoca sofrimento para satisfazer nossos desejos e necessidades cada vez maiores. O impulso em direção à ganância é universalmente humano, em parte relacionado a uma necessidade instintiva de autopreservação. Mas isso pode ser facilmente levado a extremos prejudiciais.

Será que aqueles que vivem na pobreza (aproximadamente quatro bilhões de pessoas) estão livres de desejos? Em países devastados pela seca, com frequência, as pessoas famintas desejam mais alimento, água e provisões do que podem utilizar, privando seus vizinhos. Se os países desenvolvidos permitirem que essa disenfranchisement continue por gerações, os resultados continuarão sendo conflitos armados, terrorismo e revoluções. Aqui, a ganância caminha de mãos dadas com o ódio, outro dos Três Venenos. De fato, se estivermos com fome ou sem recursos suficientes para ganhar a vida, será muito mais difícil cuidar de nós mesmos e dos outros e tornar possível uma vida espiritual.

O capitalismo baseia-se no princípio de que a aquisição de bens materiais e/ou acúmulo de riqueza deveria(m) ser ilimitado(s). Contudo, os budistas argumentariam que a linha entre a aquisição excessiva de bens e a criação do sofrimento pessoal ou social é invisível. *Ansiar ou desejar mais e agir de acordo com esses desejos significa impedir aqueles que passam necessidade de ter um pouco daquilo que temos.* Isso demonstra nosso apego ou nossa ganância, nos faz sofrer e provoca sofrimento naqueles que têm muito menos ou nada.

Os atos de ganância ou desejo podem levar à inveja, a magoar os outros ou a pensamentos e intenções doentios, que embora possam não ser colocados em prática, ainda deixam uma sutil marca em nossa mente. Na verdade, a ganância pode resultar em ansiedades emocionais e tensões psicológicas causadas pelo esforço para alcançar aquilo que se deseja, pelo medo de não sermos bem-sucedidos e de perder o que foi alcançado. A ganância aprisiona todos nós!

Apesar de ter à mão uma solução (que existe há 2.500 anos), não aprendemos a nos afastar dos Três Venenos. Por quê? Alguns não se afastaram da ganância porque sua visão de mundo inclui somente a visão da livre-iniciativa *irrestrita* e não examinaram nem consideraram outros modelos. Para outros, com toda a certeza, a dor do sofrimento não é conscientemente sentida; eles se isolaram na ilusão das posses e da riqueza. Esses anseios e desejos se transformam em apego. Para dissolver essa cola, precisamos disciplinar a mente.

> Todas as ações criam efeitos. O termo budista para as ações e seus efeitos é *karma*. Um dos lugares onde "vemos" o efeito de nossas ações é em nossa própria mente. A ganância ou ações, palavras ou pensamentos incorretos deixam uma marca em nossa mente, que se transformará, em algum momento no futuro, em algum tipo de sofrimento. Isso é chamado de *karma* negativo. As ações positivas ou corretas (generosidade, bondade amorosa, compaixão) também deixam marcas, que se transformarão em felicidade. Esse é o *karma* positivo. O constante fluxo de experiências não desejadas provocado por nossas intenções, ações e nossos comportamentos incorretos é chamado de *samsara*.

Mas temos à nossa disposição novas escolhas. Embora as corporações sejam pessoas jurídicas e não físicas, as pessoas (individual ou coletivamente) criam e operam as corporações. São elas que, por meio de suas experiências pessoais, podem reformular as corporações e afastar-se dos Três Venenos.

Como cada um de nós é um consumidor, também podemos reformular as corporações com nossas decisões de compra. Cada vez que compramos um produto ou serviço, estamos apoiando um fabricante ou um prestador de serviços. Cada compra reforça as práticas e comportamentos corporativos.

Cada um de nós precisa se perguntar a cada compra: "É isso realmente o que eu quero fazer?". Precisamos dar poder ao indivíduo porque a sociedade – corporações e governos (ambos bons exemplos de instituições com muita habilidade na autopreservação) – é o resultado daquilo que os indivíduos desejam. Se quisermos ajudar a influenciar os rumos da atual livre-iniciativa, precisaremos compreender totalmente a importância da ganância em nossa sociedade – tanto nos países desenvolvidos quanto naqueles em desenvolvimento – e o papel que podemos desempenhar para acabar com o sofrimento.

O Caminho do Meio

O homem de negócios argumentaria que, na busca da venda de bens ou serviços, não deve haver limites predeterminados nem predominantes. Os limites, se houver algum, deveriam ser apenas o resultado da maneira como o vendedor cria, produz e comercializa criativamente seus produtos. Os compradores determinam a eficácia desse processo comprando quantidades maiores ou menores desses produtos. Se compram muito, o vendedor torna-se mais rico e, aparentemente, o comprador sente-se satisfeito por ter realizado as compras. Portanto, o empresário argumentaria que o capitalismo funciona sem nenhuma intervenção, a não ser aquela imposta pelo vendedor e pelo comprador em seu relacionamento. Nessas circunstâncias, a ideia de *excesso* não entra em cena. A riqueza, por exemplo, não é considerada ganância; é a recompensa para um homem de negócios bem-sucedido ou um comerciante esperto. A riqueza é o resultado final, em termos capitalistas, da utilização bem-sucedida e criativa do sistema econômico.

A ganância entra em pauta quando consideramos os extremos da *aquisição da riqueza*. Os ensinamentos do Buddha avisam que devemos evitar os extremos que ameaçam nossa felicidade, alegria e tranquilidade. O extremo predominante é desejar, querer ou exigir o materialismo irrestrito. Do ponto de vista budista, sucesso não é necessariamente riqueza, mas certamente sabedoria, amor e compaixão. Se tivermos riqueza e formos sábios e compassivos, teremos muito para nos sentir satisfeitos. Entretanto, como Buddha e muitos outros descobriram, as pessoas tornam-se muito apegadas a seus pertences, o que pode levar ao acúmulo de bens, ao roubo ou até mesmo à guerra em suas tentativas de proteger a riqueza material. Para evitar apegos (isto é, os extremos), Buddha ensinou a moderação, a generosidade e a bondade para com todos os seres vivos: a antítese da ganância ou da aquisição excessiva.

Assim, de que forma o budismo pode contribuir para desatar o nó górdio que amarra a livre-iniciativa e o sofrimento humano? Como chegar, como indivíduos, ao ponto de vermos a necessidade de equilíbrio em nossa vida e a necessidade de compassivamente acabar com o sofrimento dos outros? Como budista, acredito que a resposta está no Caminho do Meio, o caminho entre extremos como pobreza e grande fartura.

Na visão budista, a felicidade na vida (ou a ausência de sofrimento) começa seguindo-se um Caminho do Meio. Seguir um caminho entre extremos significa comportar-se *"corretamente"*, aplicando a sabedoria e a compaixão a intenções e ações para que possamos viver uma vida sem a crueldade da privação ou os excessos da extrema riqueza.

Essa abordagem cria dois problemas para as práticas empresariais tradicionais: primeiro, o objetivo agora é a felicidade, não o lucro; segundo, o capitalismo não é uma expressão do Caminho do Meio, mas tende a um extremo.

> "A felicidade é o significado e o objetivo da vida, o propósito e a finalidade da existência humana."
>
> Aristóteles

O que proponho *não* é a destruição do capitalismo, mas sim quero expor de que maneira o pensamento budista pode melhorar algumas das consequências negativas da livre-iniciativa. O Caminho do Meio budista pode ter uma relação muito positiva e progressiva com o capitalismo ocidental. De fato, a filosofia budista não se opõe à criação da riqueza, à posse da propriedade privada, ao livre-comércio e nem mesmo à ideia de intervenção governamental limitada.

Podemos provocar uma mudança no sistema econômico – ele está mudando sozinho a cada momento. A atual direção dessa mudança é a globalização irrestrita. Por que essa direção não poderia incluir um fator que descrevesse "sucesso" como o acúmulo de riqueza *e* o bem-estar de todos? Podemos buscar o sucesso financeiro e ao mesmo tempo reconhecer que existe sofrimento no mundo, provocado pela atuação da livre-iniciativa, *e* trabalhar para fazer algo a esse respeito.

Se Buddha estivesse hoje na sala da diretoria, ele ensinaria que a verdadeira questão não é o capitalismo *versus* o socialismo (ou Direita *versus* Esquerda), mas a *intenção correta*: a intenção de que por meio de nossas ações (nos negócios e em outros lugares), possamos diminuir o sofrimento e tratar todos os seres com respeito e compaixão. Com essa intenção, aspiramos a que todos os seres tenham acesso a alimento, água, abrigo, cuidados médicos e outros itens que são nossos por direito. Vamos começar a explorar o que isso pode significar.

"Não é o capitalismo, mas o capitalismo desenfreado sem ser equilibrado por nenhum outro sistema de valores que ameaça a democracia."

Benjamin R. Barber

2

NEGÓCIOS PARA ALÉM DO LUCRO:

Uma visão para o futuro

As organizações refletem as intenções e valores de seus grupos de liderança. Quase todas as crises que os líderes precisam enfrentar se relacionam, essencialmente, ao acúmulo e/ou distribuição de riqueza. Os líderes que colocam as "necessidades" de riqueza acima dos interesses das comunidades – tanto internas quanto externas à organização – põem em risco a saúde dessa organização. Os problemas enfrentados por organizações *doentes* resultam basicamente das percepções e decisões relacionadas a essas prioridades singulares. A máxima "São negócios... nada pessoal" soa familiar, mas deveria soar vazia.

Uma organização doente é aquela em que o lucro se tornou a única medida de sucesso, a qualquer custo, e na qual os valores e as pessoas não são levados em consideração. Em geral, essa é uma organização em que poderíamos esperar ver pouca satisfação no trabalho, queda na qualidade da produção, reclamações trabalhistas, má comunicação e muita perda de produtividade.

Se considerarmos que o capitalismo *irrestrito* é um produto das intenções e ações de fundadores, proprietários ou diretoria, poderemos reconhecer que a *ganância* desempenha um papel importante no processo. Com muito poucas exceções, nenhum dos líderes corporativos com quem trabalhei se considerava ganancioso. Ao contrário, a maioria achava que estava apenas competindo por uma fatia do mercado e pela lucratividade. Eles não viam, e com frequência não queriam ver, as verdadeiras consequências de seus atos. Mas muito mais é possível! Infelizmente, aqueles que estão apegados ao modelo da organização doente terão de enfrentar ao longo do tempo os efeitos negativos de suas intenções e ações.

Estamos todos ligados

O que você acha da ideia de que *todo e cada ato na vida têm um efeito em todos os outros atos na vida* – de que todos os processos da vida são multifacetados e interligados? Essa interligação é a base do budismo. O budismo parte do princípio de que a realidade, *toda realidade* (mesmo se erroneamente separamos nossa vida "pessoal" da "profissional"), surge de uma variedade de fatores – tanto daqueles que estão sob nosso controle quanto daqueles que estão fora – e depende deles. Em outras palavras, todos os processos da vida apoiam e reforçam todos os outros processos da vida, de modo que cada indivíduo é um resultado, e continua a ser um resultado, de diversas causas e condições. Entender e despertar para essa interligação é uma compreensão essencial. As intenções, os pensamentos e as ações corretas de um líder trarão consequências positivas. As intenções negativas resultarão em causas, condições e consequências prejudiciais.

Contudo, com frequência, as intenções e a maneira como subsequentemente as colocamos em prática se baseiam em nossos apegos. A causa do sofrimento é o apego – uma ligação com aqueles processos da vida que gostaríamos de considerar permanentes, mas que, na verdade, estão fora de nosso controle. A busca fetichista por juventude e materialismo de nossa cultura são apenas dois exemplos. Todos nós tentamos permanecer jovens – por meio de aquisições e passatempos –, sabendo o tempo todo que nosso corpo está mudando e nossa juventude lentamente acabando. Em termos financeiros, esse apego à continuidade da ganância se apresenta como a ilusão do desenvolvimento infinito.

O valor social visível e o benefício do lucro ilimitado, o que estou caracterizando aqui como ganância, podem ser considerados ilusórios assim que compreendermos os princípios das intenções corretas, da interligação e da transitoriedade – simplesmente que tudo está mudando o tempo todo. Por exemplo, um consumidor pode imprudentemente contrair dívidas para comprar um artigo porque um comerciante faz tudo para lhe emprestar o dinheiro para essa aquisição. Isso inicia uma série de circunstâncias que afetará o sofrimento de todas as partes envolvidas: da dívida crescente do consumidor ao impacto de contas que o comerciante não consegue receber e o efeito de ambos no sistema social compartilhado pelo consumidor e pelo comerciante. Assim, da perspectiva da interligação, essa é uma prática comercial antiética.

Essa ideia é contrária a sua atual atividade nos negócios? Esta é a questão: tal perspectiva só é contraditória se for comparada com nossa atual definição e aplicação da livre-iniciativa. Os ensinamentos de Buddha são uma mudança radical para nós, ocidentais; se não tivessem 2.500 anos de idade, até diria que são revolucionários.

Muitos de nós, no mundo dos negócios, e particularmente aqueles que estão indo ou foram bem financeiramente em sua carreira, consideram a livre-iniciativa um sistema econômico particularmente positivo. Com o capital que adquirimos pessoalmente ou investimos com sucesso, criamos um estilo de vida confortável para nossa família e nós mesmos. Alguns indivíduos com uma mente voltada para os negócios começaram sozinhos e viram seu sucesso financeiro decolar. Novos produtos e serviços entraram no mercado, os clientes ficaram satisfeitos e houve mais contratações. Esses trabalhadores se tornaram clientes e investidores, e assim a roda econômica continua girando, mas com um lado positivo e outro negativo.

A relação entre empregadores e trabalhadores é, em sua essência, financeira: trabalho em troca de salários. A relação entre a empresa e seus clientes também é financeira. A maioria dos empresários com quem me consultei diria que essa equação econômica funciona muito bem. Mas isso se refere apenas à questão do ganho financeiro. Como empregadores ou investidores, nossa responsabilidade não é mais profunda do que uma equação econômica formando uma relação "puramente comercial"?

A ideia capitalista de um bom negócio é a daquele que obtém lucro suficiente para satisfazer os proprietários e/ou acionistas. Essa atitude é muito limitada para um budista. Um bom negócio certamente precisa ter lucro, mas a maneira como esse lucro contribui para a melhoria da comunidade e da sociedade é um assunto importante que precisa ser considerado. Os investidores e líderes têm a responsabilidade de criar uma comunidade apoiadora dentro de sua organização e assim contribuir para criar uma sociedade melhor. Essa não é uma questão de caridade nem de filantropia, mas sim de intenção.

Uma visão para o futuro

O budismo sugere que as organizações empresariais adotem uma postura diferente ao examinarem sua visão, sua missão e seus objetivos. Essa nova perspectiva começa com os principais acionistas da organização. Esse grupo poderia discutir a seguinte questão: "Essas responsabilidades empresariais estão acima do lucro?". A discussão subsequente poderia girar em torno de perguntas como:

– Há algo errado – antiético, imoral ou prejudicial – naquilo que fazemos atualmente?

– Aquilo que acontece em nossa comunidade ou em outras comunidades, e nossa reação a isso, é parte de nosso mandato empresarial? Estamos ocupados em ajudar pessoas e comunidades?

– Se estamos preocupados com essas questões, isso não significaria que precisamos levar a sério grupos de lobistas socialmente ativos, incluindo sindicatos? Nossa agenda comercial ficaria então, pelo menos parcialmente, nas mãos de pessoas não empregadas por nossa organização?

Para alguns, um debate nesses termos seria novamente uma oportunidade para confirmar as opiniões do ex-presidente dos Estados Unidos, Calvin Coolidge, que disse: "O principal negócio do povo americano é o negócio". Provavelmente apenas uma minoria declararia que, no longo prazo, nossa responsabilidade como seres humanos compassivos tem precedência sobre o lucro.

Mas pense com que frequência na história da humanidade uma pessoa ou uma única ideia mudou nossa visão de mundo. Pense no impacto de Buddha, de Abraão ou dos filósofos gregos, como Sócrates e Aristóteles, ou de Jesus, Maomé e dos acadêmicos da Renascença, como Erasmo e Francis Bacon, e, em nossa era atual, de Einstein, Schweitzer e Madre Teresa. Um líder (ou membro da diretoria) compassivo, corajoso e visionário pode fazer a diferença!

Enquanto desafiamos novos líderes a articular visões progressivas, é importante lembrar que todas as ideias se desenvolvem e amadurecem com o tempo. O capitalismo e a livre-iniciativa não são exceções. Com isso em mente, por que não podemos deliberadamente – com intenções, planos e cronogramas positivos – mudar nossas organizações para que se tornem comunidades melhores para administrar os negócios?

Muitos de nós estamos prontos para essa mudança. Se agirmos, com intenções positivas, para mudar nossa visão sobre a maneira como as organizações atualmente estão operando para a forma como estas *poderiam* criar o bem nesse mundo e, ao mesmo tempo, ainda obter lucro *responsável,* não mudaríamos apenas nossas organizações para melhor, mas também afetaríamos positivamente a sociedade e nossa vida profissional diária (naturalmente, o budismo não defende a mudança em uma velocidade revolucionária. Não pede a ninguém que mude a direção de seus pensamentos até ter visto e compreendido os argumentos para isso e as consequências dessa mudança).

Além da motivação do lucro, os empresários também precisam enfrentar esta pergunta: "Não somos responsáveis pelas pessoas que compram nosso produto ou serviço e pela maneira como elas o utilizam?". De acordo com o ensinamento de Buddha, *nós somos responsáveis por todas as nossas ações. Se o produto que fabricamos pode ser usado para prejudicar os outros, somos responsáveis porque o colocamos no mercado, mesmo que nossos concorrentes ofereçam produtos semelhantes.*

Mas e se nossos concorrentes já tiverem um produto semelhante no mercado? Não deveríamos nos juntar a eles e competir por nossa fatia do mercado? A concorrência isenta-nos de nossa responsabilidade? Não existem argumentos para justificar por que isso deveria acontecer.

Em 1982, a empresa farmacêutica Johnson & Johnson recebeu a notícia de que a embalagem de diversos carregamentos de um de seus produtos, o Tylenol® extraforte, havia sido adulterada e que sete pessoas haviam morrido tragicamente após ingerir comprimidos com cianeto. Percebendo que tinha pouco tempo para agir, a companhia decidiu não priorizar a investigação de como e por que isso havia acontecido, mas concentrar seus esforços na retirada imediata do produto das prateleiras das farmácias. James Burke, o presidente do conselho diretor, fez uma declaração em rede nacional na televisão americana e respondeu antecipadamente às perguntas dos consumidores. Esse processo estava de acordo com a declaração dos princípios da Johnson & Johnson ("Nosso Credo") e certamente não foi motivado simplesmente por uma mentalidade voltada para os resultados financeiros. Na realidade, o valor das ações corporativas diminuiu significativamente na manhã seguinte.

Tudo isso aconteceu 12 horas após a companhia ter sido notificada da existência dos comprimidos contaminados. Essa resposta imediata foi possível porque a Johnson & Johnson tinha uma visão e uma declaração de princípios corporativos elaboradas para orientar todas as ações corporativas (sei disso em primeira mão porque, na época, eu trabalhava na Johnson & Johnson).

Em geral, as organizações desenvolvem-se com base em uma visão empresarial que informa como executar ou oferecer um produto que será considerado útil pelos clientes. Essa visão empresarial é sustentada por um conjunto de crenças ou valores, inicialmente manifestados pelos fundadores ou pela equipe executiva e que são, idealmente, usados para validar decisões atuais e futuras. A maioria das organizações publicou declarações de princípios sob uma variedade de títulos.

A declaração de princípios é o recurso que precisamos explorar em primeiro lugar. Tem o potencial para ser um grande agente de mudança – desde que seja sinceramente seguida e não simplesmente uma vitrine para uma campanha de relações públicas. O que estou sugerindo é simples e profundo: acrescentarmos um valor adicional, o valor "Não Causar Danos" (veja quadro a seguir) ao documento já existente na corporação.

Não Causar Danos requer que diretorias e executivos pensem em todas as consequências de suas decisões, uma vez que estas afetam investidores e trabalhadores, clientes, o ambiente e a sociedade. Idealmente, isso criaria um processo pró-ativo para a tomada de decisões empresariais e não um processo que espera a mídia expor de que maneira uma corporação degradou sua comunidade.

A aplicação do conceito de "Não Causar Danos" pode diminuir os lucros da corporação no curto prazo, mas aumentará consideravelmente sua capacidade para diminuir o sofrimento. *Essa é a face ausente da humanidade na corporação moderna*. Os economistas da School of Natural Economics demonstraram claramente que "Não Causar Danos" é uma forma de fazer negócios que vai originar um ambiente mais sustentável para nós e as futuras gerações (no Capítulo 8, discutiremos em detalhes os princípios subjacentes da Economia Natural).

> **O valor "Não Causar Danos"**
>
> Um valor essencial de nossa companhia é a atenção constante com relação a nossas intenções e a contribuição positiva para criar "comunidades melhores" entre todos nossos investidores internos e externos. Portanto, não vamos adquirir matérias-primas nem projetar nem fabricar nem vender quaisquer produtos ou serviços que sejam prejudiciais a qualquer ser senciente ou ao meio ambiente.

Na verdade, se Buddha estivesse na sala da diretoria ou na reunião anual geral dos acionistas provavelmente diria que "Não Causar Danos" não é um processo de reengenharia de negócios de longo prazo, mas uma intenção que requer discussão e ação imediatas. A ética nos negócios baseada nos princípios budistas exige que, assim que percebermos algum dano sendo causado, comecemos a agir para interrompê-lo! Devemos notar que uma corporação ética não baseia suas decisões apenas naquilo que o consumidor "deseja" comprar nem na lucratividade do produto, mas também se provoca danos e se melhora a sociedade.

Assim, Não Causar Danos, de acordo com sua relação com nossos clientes externos, é uma consideração significativa para diretores e comitês executivos. A principal pergunta é: "A maneira como ganhamos dinheiro ou obtemos lucro interfere no valor 'Não Causar Danos?'". Se a resposta for "sim, interfere", as consequências para todos os envolvidos será continuar sofrendo individual e coletivamente. Se a resposta para a pergunta for "não, não interfere", então estamos no caminho certo.

Os diversos referenciais de excelência para uma sociedade melhor estão sempre em movimento – nem sempre progressivamente, mas mesmo assim em movimento. Se fôssemos avaliar a qualidade de nossa sociedade com base em como cuidamos das pessoas mais necessitadas, por exemplo, receberíamos uma nota muito baixa – talvez até uma nota insuficiente. Reflita um instante sobre os sem-teto e as crianças de rua: onde eles estariam sem o apoio de voluntários, a distribuição de alimentos e as organizações sem fins lucrativos que existem apenas para ajudar os mais necessitados? Se comparássemos nosso desempenho com a linha de pobreza ou o salário mínimo, também obteríamos notas baixas. Não precisa ser assim, mas por enquanto essa é a realidade.

Acredito intensamente que o estado de bem-estar de nossa sociedade é totalmente inaceitável, como podemos ver por esses indicadores. Sei que não estou sozinho nessa busca desesperada e apaixonada por uma sociedade justa que seja nossa referência.

Seção 2: Diagnóstico

A economia da espiritualidade

"Fundar um grande império com o único propósito de criar uma população de clientes pode a princípio parecer um projeto adequado apenas para uma nação de comerciantes."

Adam Smith

3
Que tal Adam Smith?

Por que selecionar uma perspectiva sobre a vida com 2.500 anos de idade como modelo para este livro? Simplesmente porque outros conceitos e seus sistemas de valores ou crenças inerentes não funcionaram bem. É possível ver que as suposições que servem de base para nosso atual pensamento a respeito de como a economia e a sociedade funcionam juntas levam, cada vez mais, ao sofrimento. Para mostrar que o atual modelo não funciona, quero reconsiderar alguns dos principais pensadores econômicos cujas obras permeiam a compreensão contemporânea do capitalismo e da livre-empresa ocidental. Comecemos com Adam Smith.

Sem interferência: Smith e a organização da sociedade

Considere esta ironia essencial: apesar do valor (na verdade, reverência) que damos à busca da riqueza individual, os males sociais resultantes dessa busca são totalmente contrários aos objetivos do primeiro economista político reconhecido. De muitas formas, nossa economia capitalista ocidental baseia-se nas obras originais de Adam Smith (1723-1790) e de seus colegas e seguidores. Smith escreveu em uma época em que a Grã-Bretanha estava construindo um império e ingressando na era industrial em uma rígida estrutura de classes. Essa sociedade refletia a dolorosa distância entre os privilegiados e os pobres. Nesse cenário, Smith apresentou sua filosofia moral: que o homem e a mulher comuns, com a sociedade em que viviam, deveriam ser os principais beneficiários de uma nação saudável.

Apesar de sua reputação como a primeira importante obra europeia em economia política, *A riqueza das nações* (publicada em 1776) é, na realidade, uma continuação da tese filosófica moral que Smith começou em *A teoria dos sentimentos morais* (1759). O problema abordado por esses dois livros é: como as lutas internas entre as paixões do homem e "a mão invisível" do mercado foram solucionadas através da história da humanidade?

A resposta a essa pergunta, de acordo com Smith, está na maneira como a sociedade se desenvolveu ao longo do tempo. Ele afirmou que há quatro estágios principais de organização na sociedade (a não ser quando interrompidos por guerras, falta de recursos ou políticas e práticas governamentais deficientes): cultura da caça, agricultura nômade, agricultura feudal (vista mais claramente na Europa antes da Revolução Francesa) e o que denominou "interdependência comercial" –, contemporânea à sua obra.

Na visão de Smith, instituições específicas acompanhavam cada um desses estágios de desenvolvimento. No período do caçador, havia escassez de propriedades privadas, portanto pouca necessidade de sistemas de administração ou justiça. Com a chegada da agricultura nômade, surgiu uma forma mais complexa de vida social que incluía a ideia de propriedade privada e a necessidade de um sistema de lei e ordem.

A verdadeira essência do argumento de Smith é a proposição de instituições relacionadas à lei e à ordem como instrumento para a *proteção do privilégio*. Em *A riqueza das nações*, ele escreveu que

> o governo civil, à medida que é instituído para a segurança da propriedade, é, na realidade, constituído para a defesa dos ricos contra os pobres ou daqueles que têm alguma propriedade contra aqueles que não têm nenhuma.

Finalmente, o quarto estágio de Smith – interdependência comercial – exigia novas instituições, como salários baseados no mercado e livre-iniciativa em vez de restrições do governo ao comércio. Atualmente conhecemos este último estágio como capitalismo *laissez-faire*, que Smith chamou de "o sistema da liberdade perfeita".

Em uma de suas palestras em Oxford, ele prenunciou sua futura filosofia econômica quando argumentou que a "divisão do trabalho é a grande causa do aumento da opulência pública, que sempre é proporcional à dedicação das pessoas e não à quantidade de ouro e prata, como insensatamente imaginado".

As ideias de Smith sobre o capitalismo *laissez-faire* e as recompensas da dedicação pessoal foram uma reação às práticas comerciais de sua época. Esse foi um período em que o governo britânico adotou a política de que os interesses econômicos do Império seriam mais bem atendidos se indústrias domésticas fossem protegidas por tarifas de importação elevadas e pela criação de monopólios multicoloniais (por exemplo, a Companhia das Índias Ocidentais e a Companhia da Baía de Hudson). Assim, o governo controlava as atividades de pequenas empresas domésticas e comerciantes internacionais (parece uma versão inicial da globalização). Smith opunha-se a esse tipo de intervenção governamental. Ele acreditava que todos os segmentos da sociedade se beneficiariam com a livre-iniciativa econômica sem o protecionismo do governo.

A mão invisível: a concorrência reprime a compaixão

Em suas obras, Smith passou um tempo considerável descrevendo a natureza das relações comerciais ou econômicas, que eram governadas por uma "mão invisível". Essa dinâmica foi responsável pela ordem subjacente na demarcação de preços de mercadorias individuais, bem como pelas leis que regulamentavam a divisão de toda a riqueza da nação. Essa ordem era o resultado da interação entre dois aspectos da natureza humana: a resposta a suas paixões e sua suscetibilidade à razão.

Como parte do bem-sucedido capitalismo *laissez-faire*, Smith concluiu que o homem é incapaz de refrear as próprias paixões e defendeu um mecanismo institucional que agisse para reconciliar as possibilidades destruidoras inerentes a uma obediência cega às paixões. Esse mecanismo protetor é a *concorrência*, um arranjo por meio do qual nosso desejo apaixonado de melhora pessoal é transformado em uma agência socialmente benéfica, opondo nosso impulso para a melhora pessoal ao impulso dos outros.

De acordo com Smith, a concorrência força os preços das mercadorias para baixo, até seus níveis "naturais", o que, por sua vez, corresponde ao custo de produção. Ao prever um sistema de concorrência, tanto o trabalho quanto o capital englobariam de ocupações ou esferas comerciais menos lucrativas a outras mais lucrativas. Embora essa não tenha sido necessariamente a intenção original de Smith, seus argumentos fortaleceram o *status* das classes sociais mais ricas ao enfatizarem as vantagens da obtenção de lucros e a não intervenção do governo nas atividades econômicas da sociedade.

Smith acreditava que a força de trabalho (homens e mulheres que trabalham em fábricas) é o principal propulsor do crescimento econômico. Esse crescimento seria acelerado quando a oferta da força de trabalho aumentasse, os trabalhadores fossem subdivididos e a qualidade intrínseca do trabalho crescesse pela invenção e utilização de novos equipamentos de produção. Desde que novas ideias para investimentos lucrativos e inovações continuassem a nascer da imaginação do trabalhador – um precursor da ideia dos japoneses sobre administração, *kaizen* (veja o quadro) – e o livre-comércio fosse permitido, o crescimento econômico continuaria. E, mais importante, o público em geral desfrutaria um padrão de vida mais elevado.

> *Kaizen*, literalmente "boa mudança", é um termo japonês que remonta à ocupação dos Estados Unidos e à reconstrução da indústria japonesa após a Segunda Guerra Mundial. *Kaizen* é considerada uma melhora contínua. Na indústria atual, significa praticar métodos de administração inovadores. O Japão preocupa-se há décadas com os resíduos e o meio ambiente em razão da escassez de terras e de matéria-prima. A filosofia de eliminação de resíduos que leva ao lucro por meio da melhora participativa é parte integrante da filosofia de administração japonesa. É uma abordagem mais suave, mais gradativa que a filosofia "jogue fora e comece de novo" da tradicional prática empresarial do Ocidente.

Hoje, o cidadão comum no mundo industrializado tem um padrão de vida mais elevado que no passado. Contudo, o preço que pagamos por isso tem sido muito alto. No Ocidente, temos cada vez mais crimes, pessoas sem-teto e pobreza, sem mencionar a maneira como os povos indígenas foram tratados quando os europeus colonizaram as Américas. Em países menos industrializados, existem esses mesmos problemas, em quantidades maiores, agravados pela ausência de infraestrutura social, e que pioram a cada ano.

Minha intenção é considerar a realidade de um padrão de vida mais elevado no Ocidente – a verdadeira "riqueza das nações" – e, então, perguntar: "a que preço?".

Smith reconsiderado

Smith acreditava que deveria haver uma intervenção mínima (se houvesse alguma) do governo e que o comércio não deveria ser restringido por monopólios patrocinados pelo governo. Ao articular sua visão, ele propôs que o sistema econômico deveria ser "neutro", isto é, livre de intervenção. Ele argumentou que se o capital derivado do empreendimento humano fosse reinvestido em maior produção e mais trabalhadores, então estes últimos, por sua vez, gastariam seus salários e, subsequentemente, criariam ainda mais riqueza. A "mão invisível" de Smith – o mercado – racionalizaria a economia.

Ele argumentou que os resultados do trabalho do homem (salários e lucros) satisfariam todas as suas necessidades materiais. Na verdade, sua economia "neutra", pela própria natureza, ignorava o bem-estar individual físico, mental e espiritual. Sua compreensão mais holística de economia, em *A riqueza das nações,* surgiu quando notou que a divisão de trabalho (antecipando a moderna linha de montagem) poderia drenar a inteligência e a energia dos trabalhadores:

> O homem cuja vida inteira é passada executando algumas poucas operações simples, das quais os efeitos também são, talvez, sempre os mesmos, não tem oportunidade para exercer sua compreensão nem exercitar seu talento na descoberta de expedientes para eliminar dificuldades. Portanto, naturalmente, ele perde o hábito desse exercício e, em geral, torna-se tão estúpido e ignorante quanto possível para uma criatura humana.

Para solucionar esse embotamento, Smith apoiou publicamente o ensino público. Embora isso seja o mais próximo que ele chegou de uma visão econômica "holística", de modo geral ele não compreendeu que as relações econômicas não podem ser neutras e que, na realidade, *precisam* ter uma face humana.

Em *A riqueza das nações*, Smith estipulou os parâmetros do autointeresse econômico:

> Todo homem, desde que não transgrida as leis de justiça, é perfeitamente livre para buscar seus próprios interesses a sua maneira e competir com seu trabalho e seu capital com qualquer outro homem ou grupo de homens.

Quando Smith escreveu *A riqueza das nações*, o sistema legal inglês florescia havia mais de 500 anos, mas ele escolheu fazer referência à "lei da justiça" e não à "lei da terra." A lei da justiça baseia-se na justiça ou integridade moral (um princípio fundamental no budismo) e infelizmente está sujeita à interpretação. É esse fato que coloca alguns líderes empresariais em dificuldades.

Smith apoiava o autointeresse "iluminado". Ele acreditava firmemente que uma sociedade comercial livre, na verdade, modera as paixões humanas e impede o declínio para uma existência pré-civilizada. Ele afirmava que o comércio estimula as pessoas a adiar a gratificação e a se tornarem educadas, esforçadas e autodisciplinadas. É o medo de perder clientes, ele afirma, "que refreia as fraudes (do empresário) e corrige sua negligência".

Buddha não acharia o trabalho duro, o comportamento autodisciplinado e diligente e a busca de educação nem um pouco insensatos. Enquanto Smith direcionaria essas qualidades para a criação de riqueza, o budista buscaria obter sabedoria, comportamento ético e compaixão – resumindo, libertação do sofrimento. A diferença está na intenção que temos ao desenvolver essas qualidades.

E quais são as intenções da livre-iniciativa irrestrita? Em *Dharma and development*, Joanna Macy afirma que a dependência do Ocidente do consumo contínuo de fontes não renováveis é insustentável: "Isso não pode durar, pela simples razão de ser inexorável e exponencialmente autodestrutivo".

Não acredito que isso seja o que Adam Smith pretendia.

O Sr. Smith certamente foi para Washington

Poucos conceitos teóricos tornaram-se arraigados sem ser alterados ao longo do tempo por pessoas e eventos. Na tentativa de manter suas ideias sobre a neutralidade econômica, com frequência os economistas consideraram os argumentos de Smith isentos de qualquer código moral, ético ou religioso. E, realmente, a livre-iniciativa, da forma como se desenvolveu desde *A riqueza das nações*, não adotou o conceito de interligação nem um código ético.

Infelizmente, hoje enfrentamos os resultados dessas omissões.

É o momento de reexaminarmos o valor dado à competitividade e à sobrevivência dos mais adaptados em termos financeiros. Embora a generosidade, a compaixão e o auxílio aos pobres sejam componentes essenciais dos códigos de comportamento de judeus, cristãos e islâmicos, o mundo ocidental, nos últimos 200 ou 300 anos, permitiu que um sistema de comércio (e suas resultantes estruturas administrativas e de gerenciamento) se desenvolvesse e prosperasse em isolamento, sem a orientação de suas poderosas tradições religiosas e filosóficas.

Nosso sistema de livre-iniciativa alcançou a prosperidade sem um aprimoramento proporcional aparente na vida espiritual de nossos cidadãos e uma melhora do meio ambiente. O atual estado da sociedade ocidental nos obriga a questionar o pensamento econômico contemporâneo. A maioria dos economistas, apesar de bastante consciente das atuais crises, ainda acredita que as soluções para nossos problemas podem ser encontradas na sabedoria convencional. Mas devemos perguntar se essa sabedoria, baseada nos conceitos teóricos de Smith, com 230 anos de idade, é agora obsoleta.

"A economia que prejudica o bem-estar moral de um indivíduo ou de uma nação é imoral e, portanto, pecaminosa."

Mahatma Gandhi

4
O FETICHE DO CRESCIMENTO:

Quem disse que tamanho importa?

A análise econômica tradicional privilegia a aquisição, a riqueza material, a expansão, a concorrência e o que agora poderia ser considerada uma obsessão pela tecnologia. Em resumo, crescimento a quase qualquer custo – incluindo destruição do meio ambiente e até mesmo guerra.

Talvez nada seja mais revelador do lado escuro da livre-iniciativa que a guerra. Não há dúvida de que muitas agressões internacionais tiveram motivações econômicas, da construção do império europeu nos séculos XV e XIX à invasão nazista da União Soviética, durante a Segunda Guerra Mundial.

A livre-iniciativa militar, inicialmente levada à Casa Branca e em especial ao Pentágono, em investimentos de verbas relativamente baixas durante a Guerra do Vietnã, pode atualmente ser vista na pressão da administração Bush para privatizar a guerra do Iraque. Companhias militares com fins lucrativos faturam cerca de 100 bilhões de dólares a cada ano, e grande parte do dinheiro vai para empresas que constam da lista da *Fortune 500*, como a Halliburton, a DynCorp, a Lockheed Martin e a Raytheon.

Muitas críticas recentes acusaram a administração de George W. Bush de disfarçar seu desejo de controlar o petróleo do Iraque sob o véu de uma "guerra contra o terror". E, no balanço geral, a guerra resulta em mais negócios, mais empregos, inovação em diversas áreas técnicas e movimentação de enormes valores.

A natureza irrestrita do capitalismo, que age como base para esses conflitos, estimula o excesso e a ganância que Buddha considerava a causa do sofrimento.

Ao alimentar sua obsessão pelo crescimento econômico, a sociedade ocidental tem, em seu extremo, estimulado a busca de objetivos antiéticos e perigosos. A maioria de nós reconhece essas desvantagens. Mas como chegamos até aqui?

Economia "linear" e nosso fascínio pelo crescimento

Grande parte do atual pensamento econômico tem suas raízes no século XVII, na obra do filósofo francês René Descartes e seus seguidores. Um dos principais dogmas de sua filosofia era a crença de que a mente humana é uma entidade separada do corpo. Naquela época, esse foi um pensamento revolucionário que estabeleceu a divisão entre mente e corpo nas tradições filosóficas ocidentais.

Essa noção aparentemente simples tem profundas implicações: leva à conclusão de que as necessidades do corpo são de algum modo separadas e distintas das necessidades da mente e podem ser satisfeitas de maneiras diferentes. Essa ideia cristaliza uma diferença significativa entre as filosofias ocidental e oriental. No budismo, há uma ligação direta entre mente e corpo; é exatamente essa conexão que afirmo estar ausente no atual pensamento "linear" a respeito da economia.

Utilizo a palavra "linear" – literalmente significando uma linha reta – para distinguir o pensamento reto, unidirecional do pensamento "holístico", que leva em consideração a totalidade das necessidades de uma pessoa. O pensamento econômico linear expressa a visão de que o comércio se baseia apenas em fatores como consumo, valor para o consumidor, preço e utilidade.

John Maynard Keynes, trabalhando dentro dessa estrutura de economia linear, introduziu uma importante mudança de paradigma no pensamento econômico capitalista em sua obra de 1936, *The general theory of employment, interest and money*. Ele mudou do pensamento em micronível e de um foco em como os mercados são claros e equilibrados para o macronível – estudo de componentes econômicos, como as inter-relações do Produto Nacional Bruto (PNB), taxas de juros, quantidade de dinheiro colocada à disposição por um Banco Central e emprego.

Embora tendo como base a estrutura concebida por Adam Smith, Keynes argumentou (diferentemente de Smith) que as variáveis macroeconômicas poderiam ser ajustadas por meio de instituições centrais, como bancos e governo, para aumentar o emprego e a produção. Segundo ele, "o homem, na busca de seus interesses, atingiria pelo mecanismo do mercado o nível ótimo de atividade e, portanto, de satisfação para a sociedade".

Escrita durante as dificuldades da Grande Depressão e para lidar com esta, a *Teoria geral* argumentou que era necessário manter as pessoas produzindo e consumindo. O *crescimento* econômico contínuo era o gerador que mudaria o mecanismo da economia e garantiria o futuro bem-estar – uma noção que reforçou a visão de que riqueza material e bem-estar têm o mesmo significado. Para Keynes, como para Smith antes dele, os valores humanos não desempenhavam nenhum papel nos modelos econômicos. Isso expõe uma das deficiências fundamentais da análise econômica tradicional da livre-iniciativa: sua incapacidade de compreender holisticamente os efeitos da busca irrestrita pelo crescimento econômico.

A falácia em nosso fascínio pelo crescimento é a crença errônea de que todos se beneficiam dele. Considere, por exemplo, um dos princípios subjacentes na livre-iniciativa: quanto mais riqueza um homem de negócios gera, mais riqueza será investida em sistemas e tecnologias para administrar o negócio com mais eficiência e competência. De acordo com Adam Smith, isso criará mais riqueza para trabalhadores e empresários. Entretanto, na grande maioria dos casos, *não* foi isso o que aconteceu. O que vemos historicamente é que onde se podem pagar salários baixos, estes são pagos.

Todas as jurisdições norte-americanas europeias têm normas que estipulam um valor mínimo por hora trabalhada. Isso acontece porque houve muitos casos em que os empregadores, de maneira inescrupulosa, pagavam baixos salários aos trabalhadores. Você encontrará muitas empresas, bem como associações industriais e comerciais, que se opõem a qualquer aumento no salário mínimo. Se suas ações de *lobby* não tiverem sucesso, muitas vezes o trabalho é contratado fora do país, onde os salários não são, em geral, regulamentados por leis (a indústria têxtil em países menos desenvolvidos é um exemplo muito conhecido). Como os salários são a medida da qualidade de nossas necessidades básicas, aqueles que controlam a folha de pagamento inevitavelmente controlam o futuro de milhões de pessoas neste planeta. Também são as mesmas pessoas que estimulam nosso fascínio pelo crescimento econômico.

Crescimento econômico: quem se beneficia?

Há diversos pontos principais com relação à visão tradicional de crescimento econômico.

A maioria dos economistas acredita que o crescimento é a única ferramenta disponível para "filtrar" a riqueza para os pobres. Apesar da falha demonstrável desse pensamento e de o crescimento não ter melhorado a sorte das pessoas comuns na maior parte dos países, os atuais modelos econômicos ainda não conseguem lidar com a questão do crescimento, qualitativa ou sistematicamente. O perigo está na aceitação do crescimento ilimitado, uma vez que este inevitavelmente conduz ao esgotamento dos recursos naturais da Terra.

Naturalmente, o resultado é que qualquer modelo econômico que: (1) não exija a desaceleração nem a suspensão da depleção de recursos naturais; (2) não defenda a renovação nem a reciclagem de recursos como ocorre no restante da natureza; (3) não proponha limitações na explosão populacional, *não pode* ser seriamente considerado uma solução viável para ajudar a lidar com as preocupações imediatas e mais urgentes da humanidade.

Por exemplo, um dos principais motivos da crise populacional global é que muitas pessoas (particularmente em países menos desenvolvidos) tentam garantir sua velhice tendo muitos filhos para sustentá-las. Isso aumenta imediatamente sua pobreza já opressiva. Contudo, um pequeno incremento no apoio financeiro do governo, combinado com a segurança de poupanças que podem ser aplicadas em rendimentos livres de impostos nessa faixa etária, poderia reverter a necessidade desse crescimento populacional. Porém, muitos governos, bem como instituições nacionais e internacionais, não reconhecem a aparente lógica dessa realidade política e social e continuam defendendo velhas soluções para lidar com uma questão de tal importância global.

Outro aspecto preocupante do fetiche do crescimento é a fascinação de nossa cultura pelo desenvolvimento tecnológico, especificamente máquinas, equipamentos e armas de guerra. Frequentemente, isso provoca o consumo desnecessário e algumas vezes absurdo e o deslocamento tecnológico de trabalhadores com pouca preocupação por suas necessidades ou bem-estar futuros. Há também um estoque global cada vez maior de armamentos e tecnologias ambientalmente não viáveis e consumidoras de energia.

> A humanidade existe há cerca de 100 mil anos, contudo serão necessários 500 mil anos para a decomposição do plutônio para uso em armas.

O crescimento econômico contínuo também é caracterizado por instituições que continuam a aplicar ferramentas e conceitos econômicos tradicionais. Grandes instituições, como governos, bancos, corporações transnacionais, entre outras, após atingir determinado tamanho, abertamente passam a focalizar a autopreservação, distorcendo o propósito original de sua criação e aumentando, assim, a grande quantidade de problemas sociais em vez de contribuir para uma solução. Em termos administrativos, essa inércia gera *silos* (veja o boxe seguinte).

Ao longo do tempo, grandes organizações tendem a incluir uma série de "miniorganizações" de bom tamanho. Como um todo, a organização torna-se inflexível, menos adaptável e guiada pelo autointeresse. Em resumo, torna-se um ambiente menos integrado e holístico.

A supremacia do crescimento resultou em poucas leis para controlar a propagação e a influência de corporações globais ou transnacionais. Muitas dessas corporações internacionais são lucrativas graças a sua especialização e seu isolamento (ou proteção) das pressões econômicas locais ou internas. Por exemplo, uma corporação americana operando na Tailândia não tem nenhuma obrigação de respeitar os valores, a cultura, as políticas nem as práticas vigentes em sua matriz nos Estados Unidos.

> *Silo* é um termo usado no planejamento organizacional e financeiro que significa manter algo separado ou compartimentalizado. Um departamento "silado" é aquele que opera por conta própria, é regional e não tem a sinergia estabelecida pela atuação com outros departamentos e pelos relacionamentos na organização como um todo.
>
> Prestei consultoria a determinada companhia que tinha silos em toda a sua organização. O interesse próprio e a proteção territorial, tanto pessoal quanto departamental, estavam arraigados em sua cultura. O departamento financeiro nunca trabalhou com o departamento de vendas (que se considerava o maior silo de todos). Uma vez por mês todos os gerentes de departamento se reuniam, almoçavam e gritavam uns com os outros. Supostamente essa era sua reunião de atualização de liderança. Eles faziam a reunião fora do local de trabalho para que seus funcionários não os ouvissem gritando. Esse tipo de comportamento era sistêmico e representava o autointeresse individual e departamental superando os objetivos corporativos.

Economia Natural

Adam Smith mostrou o caminho para um sistema de livre-iniciativa que tencionava proporcionar uma oportunidade econômica para todos. John Maynard Keynes sugeriu que as ferramentas de administração para tal economia fossem grandes empresas, instituições e governos, com o crescimento empresarial como base da sobrevivência financeira. Assim, o padrão natural a ser seguido por qualquer corporação seria o do crescimento – com o menor número possível de limitações.

Atualmente, cada vez mais economistas estão começando a desafiar esse pensamento. Essa reconsideração foi defendida por proponentes da School of Natural Economics, incluindo Paul Hawkens, Amory Lovins, Hunter Lovins e Fritjof Capra. Eles argumentam que o modelo keynesiano se tornou obsoleto.

> A economia natural se desenvolveu a partir da insatisfação com a interpretação de Adam Smith e da aplicação de A riqueza das nações. Passos importantes foram dados pelo filósofo Fritjof Capra (O ponto de mutação) que afirmava que todo pensamento se baseia em nossa visão do assunto. Ele usou Einstein, Newton e Galileu como exemplos de mentes criativas que mudaram seu "paradigma" e viram o mundo de maneira diferente. Nos anos 1950 e 1960, economistas como Paul Hawkens, Amory Lovins e outros passaram a argumentar que os valores fundamentais do atual capitalismo (irrestrito) consistiam, essencialmente, na crença de que quanto mais dinheiro temos, mais coisas valiosas poderíamos comprar e que isso levaria a uma maior sensação de bem-estar. Entretanto, tal visão desconsidera totalmente os ambientes humano, social e ecológico. A Economia Natural não começa com dinheiro nem capital, mas com o bem-estar humano, os relacionamentos sociais, a habilidade para satisfazer nossas necessidades, nossa conexão com o meio ambiente e nossa necessidade de sentido espiritual. Toda a Responsabilidade Social Corporativa e o movimento Tripé da Sustentabilidade têm sua origem na Economia Natural.

Se o sistema econômico ocidental, comprovadamente com o peso da história trabalhando a seu favor, ainda está encorajando nações ricas a gastar mais em empreendimentos militares do que na solução de problemas sociais (pobreza, cuidados com a saúde, educação), talvez devêssemos buscar outras fontes para obter ideias e inspiração para Criar uma Sociedade Melhor, que nos ajude a mudar da estrutura da criação de riqueza como o único indicador de sucesso para aquela em que nos preocupamos em saber como a riqueza é obtida e como é posteriormente distribuída.

> "O modelo keynesiano tornou-se inadequado porque ignora muitos fatores cruciais para a compreensão da situação econômica. Concentra-se na economia interna, dissociando-a da rede econômica global e desconsiderando os acordos econômicos internacionais; despreza o poder esmagador de corporações transnacionais; não presta nenhuma atenção às condições políticas; e ignora os custos ambientais e sociais de atividades econômicas. Na melhor das hipóteses, a abordagem keynesiana pode oferecer uma série de possíveis situações, mas não pode fazer previsões específicas. Como a maior parte do pensamento econômico tradicional ou linear, ele sobreviveu à sua utilidade."
>
> *Fritjof Capra*

A transição acontecerá mais facilmente se os indivíduos e os grupos mais influentes e poderosos em nossa sociedade estiverem dispostos a participar – porém toda contribuição é importante. Além disso, podemos vê-la acontecendo em outros aspectos de nossa vida. Na psicologia e na medicina, houve um afastamento das abordagens tradicionais lineares para visões mais holísticas e ecológicas. Os economistas tradicionais e estrategistas empresariais precisam seguir o exemplo, reavaliando suas estruturas conceituais e replanejando de maneira adequada seus modelos e teorias básicos.

Em *O ponto de mutação*, Fritjof Capra oferece um exemplo de como o pensamento tradicional precisa mudar, quando observa:

> Há uma enorme necessidade de trabalhadores em profissões simples como as de carpinteiros e encanadores, de berçaristas e de todos os tipos de consertos e trabalhos de manutenção, que foram socialmente desvalorizados e severamente negligenciados, apesar de continuarem sendo tão importantes como sempre. Em vez de aprender novas profissões e se tornar autossuficientes, a maior parte dos empregados continua totalmente dependente de grandes instituições corporativas e, em tempos de dificuldade econômica, não vê nenhuma alternativa a não ser receber o seguro-desemprego e aceitar passivamente (embora erroneamente) que a situação está fora de controle.

> "Aquilo que as duas mãos do trabalhador poderiam realizar, o capitalista nunca conseguiria obter com todo seu ouro e prata."
>
> *Mahatma Gandhi*

Além disso, muitos economistas naturais estão exigindo uma redefinição de "trabalho", como o conhecemos atualmente. Eles argumentam que as definições tradicionais de trabalho estão limitadas apenas às avaliações de sua contribuição para o PNB de um país. Essa perspectiva somente apreende o valor *econômico* do trabalho – não há nenhuma avaliação da contribuição do trabalho para os *valores humanos*. Além disso, alguns sugerem que o trabalho que produz armas de guerra precisa ser considerado inerentemente errado e nocivo ao bem-estar espiritual e físico dos indivíduos e da sociedade.

Considerado sob a privilegiada perspectiva budista, o trabalho cujos resultados desaparecem rapidamente e são muitas vezes menos valorizados pelas atuais medidas sociais com frequência é muito necessário para a condição humana. Um exemplo seria o trabalho na área da saúde que contribui (embora indiretamente) para o cuidado individual ao paciente: limpeza hospitalar, manutenção, preparação de alimentos, equipe de enfermagem básica, atendimento pastoral etc. Esses empregos têm um salário menor e são menos valorizados que os da equipe médica principal, mas não são menos essenciais para os cuidados adequados com a saúde.

> "O trabalho comum é o trabalho que está em harmonia com a ordem que percebemos no meio ambiente natural."
>
> *Fritjof Capra*

Por outro lado, o emprego com um *status* elevado geralmente está associado ao trabalho muito técnico e de resultado duradouro, como a construção de arranha-céus, redes de computadores ou ogivas nucleares. A administração desses empreendimentos altamente técnicos também é conceituada. Assim, não nos surpreende o fato de esses empregos também serem muito bem remunerados. Contudo, não devemos perder de vista o fato de que essa hierarquia de trabalho não é holística e não tem nenhuma base nas tradições ocidentais ou orientais.

"De acordo com o budismo, ninguém pode se esquivar da responsabilidade pelas próprias ações e esforços. A generosidade não é opcional; temos a obrigação espiritual de responder compassivamente àqueles que precisam."

Daisaku Ikeda

5
TUDO É REGIONAL NA ECONOMIA GLOBAL

A evidência da globalização – a difusão de interesses corporativos transnacionais incluindo os negócios regionais – está ao redor de nós. Embora escritores e ativistas como Noam Chomsky e Naomi Klein tenham criticado esse fenômeno, não há sinais de que esteja diminuindo.

Algumas vezes, a globalização é vendida como um meio para estender a riqueza econômica e a democracia aos países em desenvolvimento. Entretanto, a realidade não cumpriu a promessa.

Contudo, não estamos sem esperanças nem soluções. Na verdade, em seu relatório de 2004, o Worldwatch Institute sugeriu quatro maneiras para governos, empresas e consumidores redirecionarem o consumo em benefício de toda a sociedade:

- *Reforma tributária ecológica*. Mudando impostos, para que os fabricantes paguem pelos danos causados ao meio ambiente, e introduzindo padrões de produção e outras ferramentas de controle, os governos poderão ajudar a minimizar os impactos negativos nos recursos naturais.
- *Leis de devolução*. Adotadas por um número crescente de governos ao redor do mundo, essas leis exigem que as empresas recebam de volta os produtos no final de sua vida útil e proíbem a eliminação deles em depósitos de lixo ou por meio de incineração.

- *Durabilidade.* As indústrias podem partilhar a responsabilidade por seu impacto ecológico, encontrando formas de reduzir a quantidade de matérias-primas necessárias para criar produtos e tornando as mercadorias mais duráveis e fáceis de ser consertadas e atualizadas.
- *Responsabilidade pessoal.* As mudanças nas práticas de consumo também precisarão de milhões de decisões individuais que partam das origens do problema – quase tudo, da utilização da energia e da água ao consumo de alimento.

> - O faturamento conjunto das 200 principais corporações transnacionais é maior que o produto interno bruto (PIB) de 182 países. Somente as nove nações mais ricas podem competir com a influência global da corporação.
>
> - De acordo com Sarah Anderson e John Cavanagh, do Institute for Policy Studies, apenas 49 das 100 maiores economias do mundo são Estados-nações – o restante são corporações transnacionais.

Parece uma exigência absurda modificar 250 anos do legado de Adam Smith. A solução, de uma perspectiva budista, é compreender a natureza do sofrimento – que a vida está repleta de escolhas e cada uma delas terá consequências diferentes e que somos responsáveis por nossas intenções, ações e comportamentos. E por quanto tempo mais vamos engolir a alternativa? Como uma sociedade, precisamos desejar mais. Podemos e precisamos fazer melhor.

> "Embora a globalização tenha criado riquezas sem precedentes, muitas pessoas também ficaram atoladas na pobreza. Os países industrializados com infraestrutura, instituições e educação desenvolvidas e os países com rendimento médio que abriram sua economia se beneficiaram mais com a globalização, mas os países mais pobres não se desenvolveram ou, em alguns casos, retrocederam. Assim, apesar da queda global da linha de pobreza, cerca de um

> terço da população mundial ainda vive em absoluta pobreza sem acesso à eletricidade ou à água potável. A distância entre países ricos e pobres e entre ricos e pobres dentro dos países também aumentou."
>
> *Nayan Chanda*

Globalizando-se

Em seu nível mais fundamental, o crescimento empresarial reflete-se no resultado final. A busca do crescimento leva as corporações a comercializar produtos e serviços onde quer que estes possam ser vendidos. A maioria dos executivos acredita que as fronteiras geográficas são invisíveis, a menos que os governos levantem placas de "Pare". E quanto maior a pressão para acordos de livre-comércio continentais e mundiais, mais rapidamente as fronteiras desaparecerão.

Sem a legislação "Não Entre" – para preservar, por exemplo, culturas nativas e formas de trabalho não tecnológico –, as corporações gravitarão para qualquer mercado virtual. Os executivos avaliarão os riscos com relação a inúmeros fatores:

- O novo mercado já mostrou necessidade desse produto?
- Qual é a probabilidade de persuadir (por meio de propaganda e relações públicas) o mercado de que há necessidade desse produto?
- Os custos operacionais (por exemplo, os salários) serão suficientemente baixos para usar esse mercado como uma fonte de capacidade de produção?

> "Há um bilhão de anos a vida humana surgiu na Terra. Há um bilhão de minutos surgiu o cristianismo. Há um bilhão de coca-colas era ontem de manhã. O que precisamos fazer para vender um bilhão de coca-colas esta manhã?"
>
> *Relatório anual de 1996 da Coca-Cola Company*

A discussão na sala da diretoria também abordará questões como "Se conquistamos a maior fatia do mercado em nosso mercado interno, vamos passar para outros países" ou "Talvez o mercado externo ofereça oportunidades ainda mais lucrativas do que nosso mercado interno".

Entretanto, muitas corporações transnacionais podem enfrentar problemas se o país de destino tiver leis que regulamentem quem pode ou não realizar negócios em sua jurisdição, ou mesmo a maneira como o comércio pode ser conduzido. Uma única corporação provavelmente teria pouca, se tiver alguma, influência no relaxamento ou na mudança da regulamentação "Não Entre" (uma corporação como a Wal-Mart provavelmente é a exceção; parece ser capaz de influenciar governos locais para aceitar sua presença mesmo diante da oposição pública). Mas um bloco de corporações ou um grupo industrial, agindo por intermédio de seus governos nacionais ou de comissões comerciais, tem enorme influência nas decisões políticas. O tabaco, as armas e os *lobbies* agrícolas influenciaram o governo federal dos Estados Unidos a forçar a abertura de novos mercados ou, inversamente, a erguer barreiras comerciais (incluindo subsídios) para proteger determinadas indústrias.

Em razão dessa intervenção e da aglomeração de poder político e corporativo, a discussão na sala da diretoria pode incluir questões como "Como influenciar esse governo estrangeiro a modificar sua lei 'Não Entre'"?

Exportando injustiça: o avanço global do capitalismo

O argumento a favor da globalização é o de que, quando forem abertos mais mercados e rotas comerciais, o planeta terá mais prosperidade, paz e equilíbrio ecológico. Esta é a versão do século XXI do capitalismo de Adam Smith com sua "mão invisível". Este também foi um dos argumentos que a Grã-Bretanha usou quando construiu seu império no século XVIII. Nos dois séculos precedentes, tal visão apoiou a justificativa econômica para a existência da escravidão.

Do ponto de vista da livre-iniciativa, este foi um argumento interessante há vinte ou trinta anos, quando não havia nenhuma alternativa visível à globalização. Por exemplo, o que havia de inerentemente errado na possibilidade de comprar uma garrafa de Coca-Cola na Índia?

Uma geração depois, e com as distâncias globais diminuídas pelos avanços tecnológicos e de comunicação, essa perspectiva mudou. Em 2002, o governo da Índia processou a Coca-Cola Company e a PepsiCo Inc. por desfigurar antiguidades e belezas naturais do Himalaia.

As duas companhias pintaram seus logotipos na face rochosa das montanhas e pregaram placas nas árvores próximas às principais rodovias na região de Himachal Pradesh. Os conglomerados transnacionais de bebidas tinham uma média de quatro a cinco anúncios por quilômetro em uma estrada de 56 quilômetros. Apesar de saber que estavam violando a lei indiana, gastaram milhões de dólares (despesas que no final são repassadas para os consumidores) para apresentar uma defesa legal. E, infelizmente, estes não são exemplos isolados.

Os governos de países democráticos prestam contas a seus cidadãos e têm obrigação de procurar atender a seus interesses, mas para quem as corporações transnacionais prestam contas? Os investidores não são eleitos e, comprovadamente, o interesse próprio é sua motivação. A globalização levou corporações grandes e influentes atualmente, de cujo funcionamento sabemos surpreendentemente muito pouco, a comercializar seus produtos e serviços em mais países do que antes.

Em alguns países onde as condições são favoráveis, as corporações transnacionais também abriram instalações fabris. Novamente, de modo superficial, essa parece ser uma boa ideia, pois oferece mais oportunidades de emprego. Contudo, investigações mais meticulosas com frequência revelam casos de trabalho infantil, salários miseráveis, ausência de cuidados com a saúde, longas jornadas de trabalho e condições de trabalho intoleráveis. No outro lado da moeda está a realidade de que muitas atividades do país de origem são transferidas para o exterior para possibilitar essas práticas irresponsáveis.

Em outras palavras, uma empresa global pode anunciar que fabrica um produto de nível internacional para seus diversos mercados internacionais, embora não respeite os padrões estabelecidos de trabalho, saúde, segurança e ambientais de seu país de origem. Em geral, tal país é uma democracia ocidental industrializada, que já assinou acordos e convenções para apoiar os padrões e exigências da Organização Internacional do Trabalho, bem como das Nações Unidas e da União Europeia. Diante dessas realidades, com frequência os executivos argumentam que satisfazer os padrões e condições locais é tudo o que se exige. Essa postura é irônica quando consideramos que uma das motivações por trás da globalização é elevar o padrão de vida das pessoas.

Encontramos ironias similares quando examinamos os pacotes de compensação para executivos sêniores trabalhando fora de seu país. Por exemplo, um executivo norte-americano ou europeu transferido para a posição de presidente ou diretor-executivo em operações bolivianas transnacionais certamente não seria pago de acordo com os padrões da escala salarial aplicada aos executivos bolivianos nem com a moeda boliviana. Estranhamente, é aceitável seguir as práticas compensatórias bolivianas para os trabalhadores, mas não para a equipe sênior de administração – e, principalmente, para o presidente de uma empresa.

Além disso, toda corporação transnacional tem sua matriz – sua presidência – e provavelmente não está em países em desenvolvimento. Portanto, para onde devem se dirigir os grupos de cidadãos em nações menos desenvolvidas para discutir a jurisdição local a respeito do que está acontecendo em seu país? Temos mercados globais nos quais é difícil ter acesso aos tomadores de decisão e países em que as corporações têm responsabilidade (se tiverem) ou prestação de contas limitadas com relação a culturas, comunidades e ambientes locais. Legalmente, a principal responsabilidade de uma corporação não é com outro país, mas com seus acionistas; afinal, eles são os donos da empresa.

A corporação aos olhos do budista

O popular documentário de 2003, *The corporation* (baseado no livro de Joel Bakan), deu prosseguimento à compreensão pública mutável sobre a entidade conhecida como *A corporação*. O livro e o filme buscam explorar esta questão: uma corporação é tratada com as mesmas proteções concedidas às pessoas – mas se ela é uma pessoa, que tipo de pessoa ela é? E a resposta é perturbadora: alguém que atende aos critérios para o diagnóstico de distúrbio de personalidade antissocial – mais conhecido como sociopata.

Mas vamos olhar melhor e tentar definir a corporação. Esta tem uma licença garantida por uma agência governamental federal ou estadual. Dispõe, muito provavelmente, de um prédio e um endereço, embora estes possam mudar por decisão executiva. Igualmente, a equipe pode ser contratada, desligada, demitida, transferida ou retreinada. Em outras palavras, *tudo* com relação à corporação pode ser mudado de acordo com a vontade da equipe executiva, com uma simples emenda no estatuto (naturalmente, se a equipe executiva não constituir a maioria dos acionistas, então a mudança no estatuto também vai requerer a aprovação destes).

Um ponto crucial é que, embora as corporações possam fazer emendas em seus estatutos, os governos que as garantem não podem revogar sua licença de funcionamento. E, apesar de haver circunstâncias excepcionais que garantiriam a retirada da licença, como o não pagamento de impostos ou o não preenchimento dos documentos anuais da corporação, a Enron, a WorldCom e a Tyco ainda têm suas licenças. Apesar daquilo que é basicamente uma licença indefinida para continuar, ainda não podemos tocar nem agarrar uma corporação. Esta não é algo material, embora inclua sistemas e processos que produzem bens e serviços. E são pessoas que caracterizam esses processos. E, como todo ser senciente, as corporações precisam comer (receber matérias-primas), processar a ingestão (fabricar produtos ou serviços), eliminar resíduos e reabastecer-se (trabalhar para vender esses produtos visando a lucros). E, como o acadêmico budista Paul Harvey observa no caso de seres humanos, "apenas um controle parcial pode ser exercido nesses processos; portanto, com frequência eles mudam de maneiras indesejáveis, provocando sofrimento". O corpo fica doente; a corporação torna-se prejudicial à saúde.

Há um conceito budista que se aplica muito bem à entidade que chamamos de corporação: *impermanência*. O budismo acredita que qualquer objeto ou ideia inteiramente formado de partes componentes sem uma essência autoexistente e imutável está sempre mudando e, portanto, precisa ser compreendido como impermanente. Uma corporação – que é formada de partes (pessoas, departamentos, matérias-primas e produto final, produtos e serviços etc.) – encaixa-se nesses critérios e, assim, é impermanente ou está em estado de mudança constante (a compreensão da impermanência e a percepção de que não existe um *self* imutável – pois sou apenas uma manifestação do mundo mutável em que vivo – é fundamental para a libertação do sofrimento).

> "Que tipo de tolerância requer a cultura ocidental, quando essa cultura tem convicções no sentido de que o diálogo e as comunicações com outras culturas devem beneficiar a cultura vitoriosa e, portanto, até os valores de globalização positiva (democracia, direitos humanos etc.) baseiam-se na rejeição e na exclusão dos outros?"
>
> *Mohamad Hussein*

Também podemos argumentar que tanto uma pessoa quanto uma corporação estão sujeitas à ganância ou ao excesso. Para uma pessoa, a fonte do sofrimento é o apego – ter mais, mais de tudo que nossa "mente destreinada" possa conceber. Para uma corporação, a fonte do sofrimento também é o apego ao excesso – na forma de qualquer bem em que a "mente destreinada" possa pensar e que gerará mais lucro. No budismo, a "mente destreinada" refere-se à mente que ainda precisa compreender que o sofrimento pode acabar quando deixamos o apego ao excesso, à aversão e à ilusão de que tudo é permanente. Inicialmente, nem o indivíduo nem a corporação compreendem a fonte dos apegos, o sofrimento que estes causam e o caminho para sair do sofrimento. Ao não compreender o caminho de saída, a corporação continua perpetuando o sofrimento pelo desejo de expansão, de conseguir uma fatia maior do mercado e inevitavelmente lucrar mais (expondo-se ao longo do caminho a todos os problemas que envolvem esses processos).

Reformando a corporação

Com sua instrução para maximizar o lucro, a essência legal e impessoal que é uma entidade corporativa continuará crescendo e fazendo aquilo que seus executivos consideram necessário para que se torne uma companhia maior ou uma atora em âmbito global. Portanto, a resposta aos muitos problemas da globalização não está na corporação em si, mas nos clientes, investidores e executivos que atualmente acreditam ser o aumento do lucro o único objetivo.

Se *consumidores* determinassem por meio das próprias pesquisas, da reunião de dados e de decisões independentes que eles não queriam comprar produtos da Companhia A, então a Companhia A precisaria mudar. As companhias de tabaco dos Estados Unidos escutaram a mesma mensagem (pelo menos em seus países de origem) e diversificaram. Quando os consumidores param de comprar produtos da Companhia A, esta precisa repensar sua missão e suas estratégias comerciais, do contrário perderá consumidores e finalmente fechará.

> Algumas sugestões para a reforma da corporação incluem:
> - Exigir que os membros do conselho diretor (diretores e executivos) assumam a responsabilidade de garantir que:
> - todas as *questões sociais e ambientais* sejam levadas em consideração antes de sua companhia se transferir para uma nova jurisdição e depois de ter estabelecido suas operações;
> - sejam feitas *consultas abertas* com comunidades antes de entrar em seu mercado;
> - haja um grau maior de *divulgação*, transparência e aviso prévio antes do início de qualquer atividade corporativa.
> - Ampliar a responsabilidade e, portanto, a obrigação de incluir a responsabilidade pessoal com o cumprimento das leis sociais e ambientais dos países onde a corporação atua.
> - Fazer as corporações transnacionais se tornarem entidades legais *responsáveis* em cada país onde realizam negócios, de modo que investidores locais e cidadãos tenham o direito de tomar medidas legais em seu país.

Se *os acionistas*, que também podem ser clientes, decidirem que não desejam que seu capital apoie, por exemplo, o desempenho ambiental da Companhia A, eles venderão suas ações. Quando isso acontecer um número de vezes suficiente, o valor da corporação no mercado de ações diminuirá. Quando isso voltar a ocorrer, os acionistas terão chamado a atenção dos executivos sêniores e do conselho diretor. Então é responsabilidade dos executivos determinar por que os preços das ações caíram e fazerem as correções necessárias.

A *equipe de liderança executiva* também desempenha um papel importante na alteração da administração corporativa. Pode realizar mudanças *vivendo sua consciência*. Embora os executivos possam estar mergulhados em uma cultura excessivamente materialista, a mudança sempre é possível. Quando as pessoas colocarem a própria integridade e seu bem-estar holístico e de todas as comunidades às quais pertencem acima dos interesses corporativos, a corporação mudará. A recuperação da integridade pessoal e a descoberta da sabedoria levarão a decisões de negócios que irão apoiar o valor Não Causar Danos.

Essas estratégias são uma mudança não violenta de dentro para fora. Mas também podemos influenciar o rumo da mudança de fora para dentro. Antes de começar, é importante perguntar: "Nós queremos mudar a orientação de uma corporação específica ou a instituição que chamamos de A Corporação?". Minha opinião é que a sociedade não pode esperar para reformar as corporações uma de cada vez; muito dano a nossa cultura e ao meio ambiente continuará ocorrendo enquanto esse processo se desenvolver. É mais sábio reformar em primeiro lugar os sistemas legais que dão origem às corporações.

Podemos começar reformando a instituição da corporação ao exigir relatórios públicos sobre padrões ambientais, práticas trabalhistas em todas as instalações (estrangeiras e locais), relações comunitárias etc., da mesma forma como, atualmente, as empresas públicas apresentam seus balanços financeiros trimestrais. Esse relatório focalizaria o dano já feito, bem como os riscos futuros tanto em questões sociais (comunidades locais, indústrias regionais, cultura etc.) como ambientais (poluição do ar e da água, corte de árvores, dano químico ao solo etc.).

O relatório público é importante por duas razões: primeiro, o processo (e a análise pública que este receberia) obrigaria o conselho diretor e a equipe executiva a focalizar as questões que exigem relatórios; segundo, cria um veículo para o público, os consumidores e os investidores conhecerem o currículo da corporação. Essa informação afetaria essencialmente a forma como investidores e consumidores tomam decisões de compras.

Outras opções

A promessa de acesso à oportunidade foi raptada pela ganância; os resultados esperados do pensamento econômico tradicional não se materializaram. Em sua atual configuração, nossa sociedade materialista nos oferece poucas escolhas a não ser continuar a exploração humana e ambiental necessária para a sobrevivência no cruel mundo de hoje. Essas forças econômicas estão prejudicando a sociedade e destruindo o meio ambiente.

Nos últimos 250 anos, os economistas fizeram o melhor para ser racionais e criar uma ciência com base na qual pudessem projetar modelos sobre como a sociedade pode superar seus medos e o apego ao excesso e a subsequente exploração ambiental. De uma perspectiva budista, mais ciência econômica, se executada com as mesmas premissas, não alterará a atual orientação. Precisamos explorar uma abordagem que coloque os valores humanos, no mínimo, no *mesmo nível prioritário da maximização dos lucros*.

Para isso, é necessária uma abordagem holística ou espiritual da vida. Não a espiritualidade a ponto de excluir a economia ou os negócios, pois ambos podem se apoiar mutuamente, mas uma abordagem que reconheça que nossa humanidade é mais profunda e surge em todos os aspectos da vida. Procurar viver em equilíbrio com a maneira como a vida e a natureza realmente são (isto é, viver o Caminho do Meio) pode nos levar de volta aos benefícios da vida comunitária e a uma posição econômica de influência dentro da comunidade. Quando as pessoas se unem ao redor da ideia de comunidade, há um forte impulso para a aceitação da responsabilidade de reconhecer nossa preocupação e conexão com os outros.

Comunidades que funcionam: a cidade lenta

Do ponto de vista budista, comunidade é um componente essencial para uma vida holística ou espiritual. A descrição budista é de uma comunidade de indivíduos compartilhando sua jornada na vida, buscando alegria e felicidade e a constante diminuição do sofrimento.

Embora possa parecer uma utopia, isto está de fato acontecendo. Vamos examinar duas iniciativas muito diferentes para Criar uma

Sociedade Melhor. Ambas atuam no sistema da livre-iniciativa, mas enfatizam um equilíbrio melhor entre a necessidade de valores humanos e de geração de lucros.

A primeira é o Slow City Movement (Movimento Cidade Lenta), que se desenvolveu a partir da iniciativa do Slow Food (Comida Lenta) iniciado em Bra, Piemonte, Itália, em 1986, como uma resposta local à indústria de *fast-food* (principalmente McDonald's).

O Slow Food Movement internacional cresceu muito, passando de 20 países-membros para mais de 100, com mais de 100 mil membros organizados em filiais locais (incluindo mais de 90 na América do Norte).

Entretanto, logo após o início da organização, ficou claro que os fundadores do Slow Food se preocupavam com questões muito mais amplas do que o almoço de 20 minutos que provocava estresse ou refeições pouco nutritivas, que eles consideravam sinais da deterioração de seu estilo de vida. A partir dessa preocupação mais ampla, nasceu o Slow City Movement. Embora não sejam luditas, os partidários do movimento são pessoas que não têm pressa, movimentam-se ponderada, deliberada e holisticamente pela vida.

Na atualidade, o Slow City Movement está ativo na Itália, bem como em oito outros países europeus, asiáticos e norte-americanos. Essa iniciativa local cresceu em resposta a muitos dos aspectos negativos da globalização, como: uniformidade nos bens de produção em massa; uso extensivo de recursos não renováveis; sacrifício da qualidade na busca de preços mais baixos; obstrução da beleza natural pela propaganda etc.

> O Slow Food Movement afirma que o prazer de comer e de beber bem deveria ser combinado com os esforços para salvar os incontáveis produtos alimentares, grãos, legumes e frutas que estão desaparecendo em razão da prevalência de alimentos semiprontos e do agronegócio industrial. O movimento ressalta que, desde 1900, 93% da diversidade dos alimentos dos americanos perdeu-se e 300 mil variedades de legumes e verduras extinguiram-se – e,

a cada seis horas, perde-se mais uma. O movimento organiza feiras, mercados e eventos regionais e internacionais para exibir produtos de excelente qualidade gastronômica e oferecer aos consumidores exigentes a oportunidade de encontrar produtores.

O Slow Food Movement trabalha para defender a biodiversidade no fornecimento de alimentos, a educação do paladar e a associação de produtores de alimentos excelentes com coprodutores por meio de eventos e iniciativas.

O Slow Food Movement também está relacionado ao Slow City Movement, que está crescendo rapidamente. Na Alemanha, por exemplo, a filosofia do Slow City está sendo cada vez mais reconhecida como uma visão alternativa de desenvolvimento urbano e até mesmo cidades maiores a estão observando em seus esforços para a revitalização comercial. Também é importante observar que as Slow Cities (Cidades Lentas) também poderiam facilmente ser mal interpretadas como comunidades regressivas, isolacionistas e atrasadas. Isto está longe de ser verdade. As Slow Cities querem estar na vanguarda do planejamento urbano de ideias, tecnologia e inovação. Não são contra a instalação de um McDonald´s, mas esperam que, por meio de seus esforços, os cidadãos se tornem consumidores esclarecidos, conscientes das escolhas e opções locais para obter refeições frescas, saudáveis e saborosas. As Slow Cities querem ser lugares movimentados onde as tradições locais são celebradas e combinadas a influências cosmopolitas. Diferentemente dos movimentos do crescimento lento ou do não crescimento nos Estados Unidos, as Slow Cities estão interessadas no crescimento, mas para elas o que importa são os aspectos qualitativos de crescimento e desenvolvimento.

Para se tornar parte do Slow City Movement, um conselho regional ou câmara municipal precisa aprovar leis municipais que incluam os seguintes compromissos (entre outros):

- implementar uma política *ambiental* destinada a manter e desenvolver as características das áreas circundantes e construções urbanas, enfatizando técnicas de recuperação e reutilização;
- implementar uma política de *infraestrutura* que sustente ativamente a melhora da terra, não sua ocupação;
- estimular a utilização de *tecnologias* que melhorem a qualidade do meio ambiente;
- proteger a produção local e nacional/caseira enraizada nas *tradições, história e cultura* da região e oferecer um espaço de venda a varejo preferencial para um contato direto entre clientes, produtores e vendedores;
- oferecer a qualidade da *hospitalidade* como um laço real com a comunidade local.

Oitenta cidades na Itália, na Alemanha, na Suíça, na Inglaterra, na Noruega, no Brasil, no Japão, na Grécia e na Croácia são membros do Slow City Movement. Na época da publicação deste livro, nenhuma localidade norte-americana se comprometeu com o Movimento.

Para articular sua filosofia, o primeiro presidente do Movimento, Carl Petrini, citou um escritor italiano pouco conhecido do século XVII, Francesco Angelita, que certa vez dedicou um livro inteiro aos caracóis. Ele privilegiava a lentidão como uma virtude essencial e elogiava a adaptabilidade e a habilidade de os caracóis se instalarem em qualquer lugar.

Desde sua fundação, o Slow City Movement viu mais de 60 cidades do mundo assinarem uma licença municipal exigindo o equilíbrio entre o moderno e o tradicional, estimulando, dessa forma, uma boa qualidade de vida. Se buscarmos as similaridades entre as intenções do Slow City Movement e os ensinamentos de Buddha, encontraremos uma aplicação europeia singular do Caminho do Meio no século XXI.

Comunidades que funcionam: *Sarvodaya*

Uma segunda iniciativa holística comunitária é aquela que, por enquanto, atua apenas no Sri Lanka. O fundador, dr. Ari T. Ariyaratne, deu ao movimento o nome *Sarvodaya*, palavra em sânscrito que significa "o despertar de todos". A filosofia do Movimento Sarvodaya está enraizada nos ensinamentos de Buddha e nas abordagens não violentas de Mahatma Gandhi com relação à comunidade e à formação da nação. Dr. Ariyaratne descreveu a intenção por trás do movimento desta forma: "O objetivo do Movimento Sarvodaya é liberar a bondade inerente a todas as pessoas".

Em seu discurso da aceitação do Gandhi Peace Prize de 1996 (concedido pelo governo da Índia), dr. Ariyaratne observou que "é necessária uma transformação global da consciência humana para aproximar a humanidade da paz e da justiça". Ele acredita que os atuais sistemas político e econômico inevitavelmente tornam o pobre cada vez mais pobre. Enquanto desenvolve métodos baseados no budismo para lidar com o problema da pobreza, ele está firmemente empenhado em alcançar essa transformação de forma não violenta.

Durante quase 50 anos, o Movimento Sarvodaya apoiou essa transformação nas comunidades rurais do Sri Lanka. Desde seu início em uma aldeia, cresceu e abrangeu mais de 15 mil vilarejos na ilha – incluindo comunidades budistas, hindus e cristãs.

Durante esse tempo, o Sri Lanka tem sido devastado pela pobreza e dividido por conflitos políticos e religiosos. Como muitos outros países asiáticos, este foi envolvido na economia globalizada e é sede de muitas filiais de fábricas de produtos eletrônicos e têxteis. Como vimos em outros lugares – mesmo na América do Norte –, o pobre ganha alguns benefícios com essa industrialização, mas a distância entre a pobreza e a riqueza continua aumentando. O crescimento econômico não erradicou o problema; em muitos casos, agravou-o.

Apesar de as exportações no Sri Lanka terem crescido e a renda geral aumentado, a saúde econômica não chegou à população de maneira uniforme. Embora as cidades e as corporações da ilha tenham se desenvolvido, a qualidade de vida nas áreas rurais não melhorou. No setor agrícola, muitos de seus habitantes continuam vivendo na linha de pobreza ou abaixo dela. A industrialização também criou uma classe baixa urbana cujos ganhos aumentaram, mas que ainda não consegue adquirir alimentos.

90   Buddha e os negócios

Os resultados desse desenvolvimento desequilibrado podem ser comprovados nos índices de suicídios, crimes violentos e alcoolismo do país. Excluídas da crescente prosperidade que veem em outros lugares da nação, muitas pessoas se sentem impotentes para ajudar a si mesmas. Em muitos casos, elas se tornaram desesperadas e autodestrutivas.

Essas são comunidades que estão *sofrendo*. Para mudar essas circunstâncias, dr. Ariyaratne propôs uma solução budista, cujo objetivo final é a felicidade e o despertar de nossa verdadeira natureza.

A abordagem Sarvodaya

A organização Sarvodaya desenvolveu o seguinte programa de desenvolvimento pessoal e comunitário de cinco estágios:

Estágio 1. Pessoas de uma aldeia escolhida e voluntários do Sarvodaya de vilarejos vizinhos participam de sessões de planejamento e, então, desenvolvem serviços essenciais, como estradas, poços, irrigação agrícola, programas de reflorestamento etc., com ênfase na concretização do maior benefício para todos os membros da comunidade.

Estágio 2. Grupos de categorias da população do vilarejo (por exemplo, grupos de mães, de jovens etc.) são formados. Estes recebem treinamento de liderança e de tomada de decisões para que possam participar efetivamente, com os voluntários, do fornecimento das dez necessidades básicas (veja quadro na página 91).

Estágio 3. Por meio da autoconfiança e da participação comunitária, satisfazem-se as necessidades básicas no vilarejo e forma-se uma Sociedade Sarvodaya para proporcionar uma liderança organizada a todas as atividades do vilarejo e que conduz à melhora dos padrões de vida.

> "Minha história não se refere tanto àquilo que a Sarvodaya, como uma organização, faz para iniciar, promover e apoiar negócios. É a filosofia geral que diz que nós precisamos criar e promover aquilo que eu chamaria de uma 'infraestrutura' psicossocial e espiritual como base para o desenvolvimento econômico e estratégias empresariais. Eu sempre disse – e a filosofia e prática Sarvodaya demonstraram – que se nos concentrarmos em ganhar dinheiro e 'negociar'

antes de estabelecer os princípios morais que abrangem a bondade, a ação compassiva, a alegria altruísta e a igualdade, descobriremos que as pessoas entram em conflito por causa do dinheiro. Para ser franco, o compartilhamento que faz a diferença é a doação; não o 'eu quero minha parte'.

Tal abordagem nos deixa ressentidos com a riqueza? Não, não deveria, porque, se formos suficientemente desapegados das coisas materiais e transitórias, não nos preocuparemos excessivamente em obter, manter e proteger aquilo que temos. Algumas vezes, a ideia de uma sociedade sem pobreza ou riqueza parece irracional para aqueles cujas vidas se tornaram confortáveis na extremidade mais elevada da escala socioeconômica. Especialmente para empresários que valorizam as oportunidades de serem desafiados e se sentem recompensados pelos lucros monetários que resultam do 'sucesso'. Não ter como objetivo ser um milionário pode parecer desestimulante. Mas o surgimento de toda a área de iniciativa social enfoca esses aparentes conflitos de valores. Simplificando, há muito mais coisas relacionadas ao sucesso nos negócios do que aquilo que conhecemos como lucro monetário."

Dr. A. T. Ariyaratne

Veja, a seguir, as "dez necessidades humanas básicas de todas as pessoas em uma sociedade justa" do Movimento Sarvodaya:

- um ambiente limpo e bonito;
- fornecimento de água limpa e adequada;
- vestuário básico;
- uma dieta equilibrada;
- uma casa simples para morar;
- cuidados básicos com a saúde;
- meios simples de comunicação;
- condições básicas de energia;
- boa educação;
- apoio cultural e espiritual.

Estágio 4. Atividades de desenvolvimento econômico são introduzidas na aldeia, desenvolvendo progressivamente a capacidade das pessoas para poupar, tomar empréstimos, melhorar empresas existentes, começar novas empresas, pagar empréstimos e, finalmente, desenvolver o próprio banco de desenvolvimento do local.

Estágio 5. São criadas relações econômicas com os vilarejos vizinhos, fortalecendo sua capacidade de compartilhar riqueza, produtos e serviços para que o desenvolvimento ocorra em um grupo de vilarejos. Estes contribuem para a criação de uma abordagem alternativa ao desenvolvimento econômico, beneficiando áreas rurais.

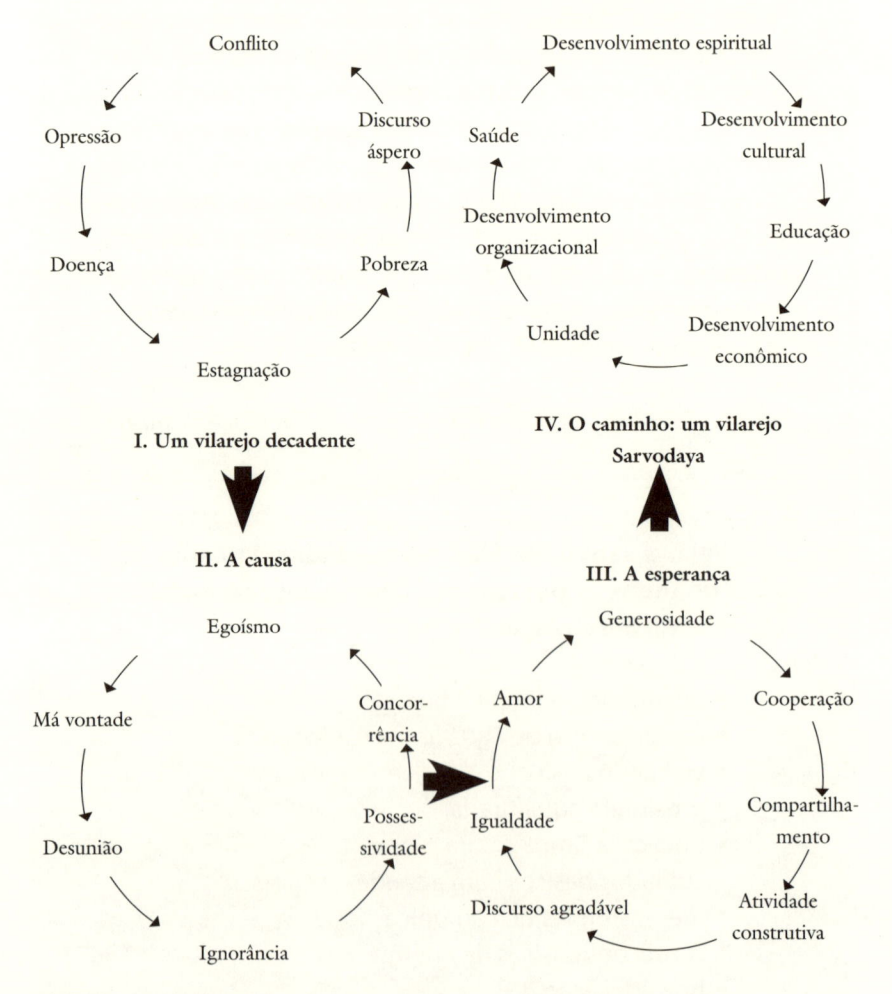

Figura 5.1 – Sarvodaya: o despertar de um vilarejo. (Permissão concedida pelo dr. A. T. Ariyaratne, fundador do Movimento Sarvodaya Shramadana. Adaptado de gráficos Sarvodaya.)

Pense regionalmente, aja globalmente

O crescimento econômico é fundamental. Entretanto, para agir de acordo com os objetivos da ação e da intenção corretas, é preciso respeitar os direitos de toda vida no planeta, incentivar relações iguais e não exploradoras entre os seres humanos e reconhecer a interdependência entre seres humanos, sociedade e natureza. As duas iniciativas descritas anteriormente – uma europeia e uma asiática – são exemplos criativos nos quais comunidades se juntaram para facilitar aquilo que atualmente chamaríamos de desenvolvimento sustentável. Em ambos os casos, um equilíbrio maior entre valores humanos e capitalismo irrestrito foi trazido para atuar no sistema de livre-iniciativa. No caso do Movimento Sarvodaya, algumas pessoas se tornarão empresárias, criando emprego e prosperidade, ao mesmo tempo respeitando o valor Não Causar Danos.

Para influenciar a futura direção do capitalismo, precisamos desenvolver e apoiar mais exemplos em que comunidades dizem *"não"* à livre-iniciativa irrestrita e a seus efeitos. Uma economia que reconhece nossas conexões sociais e ambientais como princípios básicos pode desenvolver mais o capitalismo. Essa economia reconhecerá que ajudar os outros é o pré-requisito para assegurar nosso bem-estar e o daqueles de quem dependemos. Transformar a economia global de acordo com valores espirituais e éticos deve se tornar a responsabilidade única de cada indivíduo nessa época crítica de nossa história econômica.

Ao se afastar da ganância, a economia global tem a oportunidade de reinventar-se. Ao seguir o Caminho do Meio, evitamos os extremos da pobreza e da extravagância e reconhecemos naturalmente nossos valores mais compassivos.

Seção 3: Prognóstico

O Caminho do Meio para uma organização saudável

"Uma vez que conhecemos um caminho para sair do sofrimento, nossa maneira de agir no mundo e de aplicar a justiça social como budistas é ensinar os outros... para que eles possam usar essas ferramentas e se libertar."

Jan Chozen Bays

6

ELEMENTOS BUDISTAS:

Dharma, Karma e as Quatro Nobres Verdades

Há 2.500 anos, próximo da fronteira com o atual Nepal, em uma família real no nordeste da Índia, nasceu Siddharta Gautama. Apesar da riqueza e do *status* de sua família, ele se comoveu com o sofrimento que via a sua volta: doença, pobreza, trabalho duro, mal-estar e morte. Ele não conseguia encontrar uma explicação satisfatória para o sofrimento que o povo experimentava ou iria experimentar ao longo da vida. Assim, a missão de sua vida foi encontrar o motivo para isso.

A princípio, Siddharta seguiu os costumes da época e uniu-se a um pequeno grupo de observadores e ascéticos com ideias semelhantes, que acreditavam que a resposta estava na privação pessoal. Após seis anos de sofrimento e quase morrer de fome, ele percebeu que essa abordagem não lhe traria as respostas que buscava. Por outro lado, a riqueza dos palácios dos pais, onde todas as suas necessidades (com exceção, principalmente, das espirituais) eram satisfeitas, também não lhe deu nenhum esclarecimento. Após recuperar a saúde, Siddharta escolheu outro método para descobrir a verdade sobre o sofrimento: ele se sentou sob uma árvore *bodhi*[1] e, sem hesitação, voltou a mente para questões como de que forma

---

1 *Bodhi* é um termo pali e sâncrito para "desperto" ou "iluminado". No budismo, especificamente, significa a experiência do despertar alcançada por Gautama e seus discípulos (N.T.).

o sofrimento surgiu e como fazê-lo desaparecer. Em outras palavras, ele meditou. Após profunda reflexão e observação, obteve a resposta para sua pergunta. Siddharta Gautama passou a ser conhecido por nós, naturalmente, como Buddha. A resposta encontrada por ele está especificada em seu primeiro ensinamento, Girar a Roda do Dharma.

Neste capítulo, examinaremos as Quatro Nobres Verdades que formam o Girar a Roda do Dharma e começaremos a explorar suas implicações em nossas práticas de negócio. Mas, antes de chegarmos lá, é importante compreendermos algumas das outras crenças budistas fundamentais.

O *kit* de ferramentas budista

Poderíamos reviver as experiências de Siddharta, acompanhar sua jornada por vários extremos, dedicar algum tempo a uma meditação completa e chegar às mesmas descobertas e conclusões. Como a maioria das pessoas não desejaria chegar a esse ponto, Buddha mostrou suas experiências, que são uma metodologia ou "Caminho" a seguir para superar o sofrimento e alcançar a Iluminação. Esse Caminho é a abundância de compreensão. No âmago do Caminho, encontramos as Quatro Nobres Verdades e a Lei de Causa e Efeito: dois ensinamentos fundamentais que constituem a essência do Caminho do Meio, o Caminho entre extremos que é o foco do budismo, conforme discutido neste livro.

O budismo é, antes de tudo, um *método empírico* para trabalhar progressivamente na direção do bem-estar nosso e dos outros. Chamar o budismo de empírico pode surpreender algumas pessoas. O budismo não é uma religião no sentido judaico-cristão, visto que nos oferece uma nova forma de lidar com as doenças de nossa sociedade. Fundamentado na teologia dogmática, os "mistérios" revelados por Buddha foram descobertos de um modo compatível com o método empírico ocidental: hipótese, observação, exame e conclusão.

Para cada um de nós, a jornada budista começa com o reconhecimento de que todo o sofrimento individual é resultado do apego – não nos desprendermos de nossos desejos nem anseios – e do não reconhecimento da realidade da impermanência. Os budistas dizem que estamos vivendo em *samsara* – um ciclo de sofrimento que inclui uma sucessão de nascimentos e renascimentos, que continua até termos alcançado a libertação de nossos apegos e, finalmente, o Nirvana. Nirvana é um estado de existência livre de desejo, ódio, ilusões e dos efeitos determinantes do karma (nossa ação intencional e suas consequências). De certo modo, o Nirvana é o sucesso em sua totalidade, pois, como disse Buddha: "Nós podemos vencer mil obstáculos e adversários, mas aquele que vence os inimigos internos é o vencedor mais nobre".

A palavra Dharma, que se refere aos ensinamentos de Buddha, também tem um segundo significado. De certa forma, é um termo budista que descreve a ordem universal de tudo. O acadêmico Damien Keown descreve o Dharma como "uma lei universal que governa a ordem física e moral do universo".

Apesar de ser cada vez mais comum na cultura popular (e, portanto, cada vez mais compreendida), karma é a palavra em sânscrito para "ação". Os budistas, contudo, são mais específicos e utilizam-na para se referir às ações relacionadas a escolhas morais e às consequências desse comportamento. Nossas escolhas nessas situações – na verdade, nossas *intenções* – são úteis para moldar, nas palavras de Keown, "nossa natureza para o bem ou para o mal".

Todas as nossas ações na vida são o resultado daquilo que pensamos, fazemos e dizemos. O karma está incorporado a cada uma dessas ações. Qualquer ação motivada pelas intenções de amor, compaixão e/ou sabedoria carrega consigo um karma saudável ou alegria. Inversamente, qualquer pensamento ou ato realizado com intenções malignas é um karma doentio e acrescenta tendências negativas ao resultado. A energia kármica doentia terá uma consequência negativa.

O argumento de Buddha era o de que o desejo de eliminar toda a infelicidade (sofrimento) só pode ser alcançado se as causas da infelicidade forem conhecidas e eliminadas. Elimine as causas do sofrimento e a infelicidade acabará. Conhecendo e compreendendo essas causas, saberemos como agir.

Aplicando as Quatro Nobres Verdades

Vamos examinar como o Movimento Sarvodaya adaptou o ensinamento de Buddha a um problema econômico. Em um vilarejo, eles verificaram que as pessoas sofriam com a pobreza e a desesperança e constataram como isso causava mais sofrimento (essa é a Primeira Nobre Verdade). Eles visualizaram a Segunda Nobre Verdade na forma como a ganância e a desconfiança individuais (competição pelos limitados recursos existentes) corroíam as intenções e energias individuais e comunitárias. E eles viram a Terceira Nobre Verdade no fato de que as pessoas têm um potencial inerente para criar uma comunidade compassiva (é uma questão de intenção, de escolha, não de destino). E, finalmente, eles realizaram a Quarta Nobre Verdade aplicando seus princípios orientadores para ajudar as pessoas a fazer escolhas e a tomar decisões que criam indivíduos e comunidades confiantes, compassivos e produtivos.

Esse resumo é uma simplificação do trabalho surpreendentemente transformador que o Sarvodaya permitiu. Ao oferecer uma maneira para compreender não apenas as falhas de uma comunidade, mas também a saída para deixar o sofrimento, o Sarvodaya ajudou mais de 15 mil aldeões do Sri Lanka a se tornarem autossuficientes.

Devemos notar que o poder das Quatro Nobres Verdades diminui se você considerar qualquer uma delas isoladamente. Portanto, talvez a melhor representação do trabalho do Sarvodaya não seja uma série de pontos importantes discutindo cada Nobre Verdade, mas um único diagrama que ilustre esse processo e a interligação de cada uma das Quatro Nobres Verdades (Figura 5.1.).

Avançando pelo Caminho

O modelo Sarvodaya pode funcionar com mais facilidade para organizações sem fins lucrativos porque suas intenções iniciais com frequência contêm valores humanos e não apenas a motivação do lucro. Mas, à medida que discutimos e repensamos as prioridades de empresas e organizações, ampliaremos o modelo de dr. Ariyaratne e o aplicaremos a iniciativas empresariais. Enquanto isso, as Quatro Nobres Verdades são um ponto tão importante no pensamento budista que vale a pena examiná-las novamente, dessa vez de uma perspectiva um pouco diferente. Se considerarmos os ensinamentos de Buddha como os de um médico de família sábio e compassivo, poderemos ver as Quatro Nobres Verdades como sua metodologia:

- Sintoma: sofrimento.
- Diagnóstico: apego, anseio, desejo.
- Prognóstico: a libertação do apego é possível.
- Prescrição: o Nobre Caminho Óctuplo/os Oito Princípios Orientadores.

> Diferentemente das filosofias da Grécia e dos primeiros líderes religiosos, o budismo nunca deu muita importância a perguntas como: "De onde viemos?" e "Quem criou o Universo?". O budismo concentra-se mais em ver a realidade claramente pelo que ela é, acabando assim com os ciclos de sofrimento, do que na discussão da cosmologia e da metafísica.

A utilização dessa analogia médica simplificada nos permite avaliar de onde viemos e indicar para onde vamos. As primeiras seções deste livro (Capítulos 1 a 5) esclareceram a natureza do sofrimento, não apenas do sofrimento óbvio, telegênico, que gera cobertura da mídia e beneficia acordos, mas também do sofrimento que a livre-iniciativa provoca em todas as camadas dos países em desenvolvimento. Isso nos permitiu identificar como nossos apegos (os Três Venenos) perpetuam nosso sofrimento.

A seção seguinte (Capítulos 6 a 10) desta obra – os princípios budistas – examinará as saídas para deixar o sofrimento. O prognóstico que vou sugerir está fundamentado na ideia budista de que a libertação do apego é possível. Essa estrutura budista continuará com um exame mais detalhado do Nobre Caminho Óctuplo, bem como das práticas éticas empresariais e econômicas. A seção final deste livro (Capítulos 11 e 12) fará algumas sugestões iniciais de uma prescrição para a livre-iniciativa.

"A questão não é saber se um indivíduo é rico ou pobre, mas se ele é bom ou ruim, virtuoso ou pecador. São as ações que determinam qualitativamente a grandeza de uma pessoa."

Dr. Ari Ariyaratne

7

OITO SÃO SUFICIENTES:

Os princípios orientadores do Nobre Caminho Óctuplo

Neste capítulo, exploraremos a Quarta Nobre Verdade – a prescrição, ou a saída para deixar o sofrimento –, o Nobre Caminho Óctuplo. Examinaremos como cada passo no Caminho não é apenas um movimento para a frente que acaba com o sofrimento individual, mas também pode contribuir para criar organizações saudáveis que Não Causam Danos.

O Nobre Caminho Óctuplo pode ser dividido em três grupos daquilo que chamarei de Princípios Orientadores. Cada Princípio Orientador e grupo de Princípios Orientadores trazem consigo a intenção do desenvolvimento das habilidades individuais suficientes para ter sucesso no abandono dos estados mentais (desejo, anseio, aversão) que provocam insatisfação, dor e sofrimento.

Princípios Orientadores 1 e 2	*Sabedoria*: compreender claramente as causas e os meios para eliminar a dor e o sofrimento.
Princípios Orientadores 3 a 5	*Conduta ética*: intenções e comportamentos virtuosos com relação a si mesmo, aos outros e à natureza.

Princípios Orientadores   *Compaixão*: cultivar mente e
6 a 8   coração bons.

Sabedoria

Princípio Orientador 1: Entendimento Correto

O objetivo do Entendimento Correto é proporcionar uma perspectiva para a interpretação da natureza holística da vida conforme descrita pela Quarta Nobre Verdade. O primeiro passo no Caminho nos permite examinar e compreender nosso ponto de partida, nosso destino e os marcos entre eles.

Começamos com uma interpretação de nós mesmos, dos outros e das nossas organizações. A compreensão de quem realmente somos nos leva a observar nossas ações. Essa compreensão é a base das escolhas que fazemos e dos objetivos que estabelecemos e afeta diretamente a maneira como buscamos esses objetivos. Por exemplo, um líder corporativo extremamente competitivo, que vê o mundo como algo que "está lá para ser conquistado", provavelmente desejaria ter muito mais do que precisa (ganância), aumentar a fatia do mercado e tirar os concorrentes do negócio (aversão) e realizar ações baseadas na ilusão da permanência e da autoexistência (ignorância). Podemos ver facilmente esses comportamentos nos outros; Entendimento Correto é enxergar as próprias ações e intenções.

O Entendimento Correto requer uma avaliação abrangente da ética de nossas intenções, nossos pensamentos e as ações subsequentes – aquilo que denominamos karma, no Capítulo 6. Compreender o karma é compreender uma das principais mensagens deste livro. Muito antes de estudar o budismo, estava ciente de que aquilo que fiz teve consequências. Praticar atitudes boas parecia suscitar outras também boas. Essa consciência provavelmente veio de meu pai, que costumava aconselhar: "Sempre que você decidir fazer alguma coisa, pense nela cuidadosamente, porque no final você será o responsável pelos resultados".

Aprender sobre o Karma me ajudou a solucionar o quebra-cabeça. O Karma é o resultado de nossas ações – não apenas das ações acidentais, mas das ações pensadas e deliberadas. E é a deliberação (ou intenção) que define nossos valores morais e éticos. De uma perspectiva budista, o comportamento correto baseia-se na Lei de Causa e Efeito. Se durante o encontro anual de auditores, por exemplo, decidimos ocultar toda a verdade e oferecer apenas o que nos perguntam, qual é o valor kármico dessa ação? Uma resposta que representa uma fraude deliberada terá, em algum ponto, consequências negativas. Se o motivo ou intenção por trás da ação for causar dano, a consequência resultante será prejudicial. Como observa Bhikkhu Bodhi: "A característica mais importante do karma é sua capacidade de produzir resultados correspondentes à qualidade ética da ação".

Abster-se do comportamento incorreto, em pensamento, intenção ou ação, não é um mandamento dos céus. Abster-se, na perspectiva budista, é uma ação consciente e voluntária do indivíduo, fundamentada na compreensão das Quatro Nobres Verdades. Abster-se é ter a sabedoria de aplicar um código ético em todos os aspectos da vida. Essa é a essência do Entendimento Correto. O indivíduo *pode* não somente provocar mudança – além disso, uma significativa mudança social –, mas a mudança *deve* ser o resultado de intenções individuais, revelada por uma avaliação do karma.

Princípio Orientador 2: Intenção Correta

A essência desse Princípio Orientador é o foco ou a intenção de nossos pensamentos. O segundo passo no Caminho de Buddha tenciona nos ajudar a compreender melhor a abrangência de processos de pensamento saudáveis e nos levar a uma compreensão correta da realidade e do karma. Para alcançar isso, Buddha considerou que a Intenção Correta inclui três componentes. Considerados juntos, levam ao karma positivo e a resultados positivos, favorecem o desenvolvimento da sabedoria e fortalecem nossa intenção de Não Causar Danos. Os três componentes da Intenção Correta são: Repudiar o Desejo, Objetivar a Boa Vontade e Intencionar a Inocuidade.

• *Repudiar o Desejo*. Somente repudiando nossos desejos, podemos obter a libertação do desejo – a verdadeira felicidade. Ao mudarmos nossa percepção a respeito de ter mais, para uma crença em menos apegos, negamos o surgimento desses anseios que levam ao sofrimento.

Como ressalta Bhante Henepola Gunaratana, em *Eight mindful steps to happiness*:

O que precisamos rejeitar não são as coisas que temos ou nossa família e amigos, mas nossa percepção errada de que essas pessoas são nossas propriedades. Nós precisamos abandonar o hábito de nos apegar a pessoas e coisas materiais em nossa vida e a nossas ideias, crenças e opiniões.

• *Objetivar a Boa Vontade*. A boa vontade é uma característica do Pensamento Correto porque age contra pensamentos prejudiciais ou negativos, como raiva e aversão, ou ansiedade, depressão e, possivelmente, violência. Agir contra pensamentos e intenções fundamentados no desejo de prejudicar ou ter má intenção com outras pessoas gera a bondade amorosa profundamente enraizada.

A natureza desse amor não é necessariamente aquilo que experimentamos quando amamos nossos filhos, nosso parceiro ou a família ampliada; é uma forma de amor que afeta nossa relação conosco e com todos os outros seres. A bondade amorosa (*metta*) é cultivada pela meditação que transforma nossos pensamentos e intenções de causar dano aos outros em compaixão. E, segundo Bhikkhu Bodhi, "por meio da prática, o sentimento de amor torna-se arraigado, enxertado na mente como uma tendência natural e espontânea".

> *Eight mindful steps to happiness*, de Bhante Henepola Gunaratana, oferece algumas dicas para superar a raiva que, muitas vezes, é um obstáculo à inofensibilidade. Considere estes lembretes, adaptados dos ensinamentos de Bhante Gunaratana, enquanto inicia sua jornada para a sabedoria:
> • Fique consciente de sua raiva o mais rápido possível.
> • Fique atento a sua raiva e sinta sua força.
> • Lembre-se de que um temperamento irritável é extremamente perigoso.
> • Lembre-se das consequências desprezíveis da raiva.
> • Pratique a moderação.
> • Modifique sua atitude tornando-se prestativo e bom.
> • Mude o clima entre você e uma pessoa com quem está zangado, oferecendo um presente ou uma gentileza.

> • Lembre-se das vantagens da prática da bondade amorosa.
> • Lembre-se de que todos nós morreremos um dia e não desejamos morrer com raiva.

Intencionar a boa vontade e cultivar a bondade amorosa não está muito longe das crenças de Gandhi sobre a não violência. "Se queremos ser não violentos", escreveu Mahatma, "então precisamos não desejar nada nesta Terra que os seres humanos mais miseráveis e fracos não possam ter".

• *Intencionar a inofensibilidade.* Essa intenção foi expressa sucintamente por Bhikkhu Bodhi: "A intenção da inofensibilidade é orientada pela compaixão, despertada em oposição a pensamentos cruéis, agressivos e violentos".

A disciplina mental focalizada nessas três atitudes (repudiar o desejo, intencionar a boa vontade e a inofensibilidade) eliminará intenções negativas.
E a fonte do karma está em nossas intenções.

Conduta ética

Princípio Orientador 3: Fala Correta
A chave para a Fala Correta é uma avaliação de que as palavras que saem de nossa boca – sejam elas ideias, sugestões, queixas, ações disciplinares, elogios, seja o que for – se originam na mente.

Em *Dhammapada*, Buddha adverte: "Que as pessoas fiquem atentas à fala-irritação. Que pratiquem a moderação na fala. Tendo abandonado as negatividades da fala, deixe que elas pratiquem a virtude com sua fala". Para sermos corretos, precisamos compreender e resistir (como um ato de autodisciplina) ao impulso de mentir, jurar, ameaçar, fofocar ou dominar verbalmente – comportamentos que muitas vezes surgem em reuniões e salas da diretoria. Se interrompermos conscientemente a fala incorreta, de forma individual e depois em grupos, inevitavelmente nos envolveremos na fala verdadeira, atenciosa e proveitosa para o ouvinte – e para o mercado.

Dessa forma, começaremos a estimular a harmonia e não mais o sofrimento. E, no desenvolvimento da harmonia, o resultado final da Fala Correta é a manifestação da sabedoria. Bhikkhu Bodhi adverte que, "para perceber a verdade, todo o nosso ser precisa estar de acordo com a realidade, com as coisas como elas são, o que exige que na comunicação com os outros respeitemos as coisas como elas são, falando a verdade".

> O Princípio Orientador da Fala Correta é valioso para estimular um ambiente de trabalho positivo se nos lembrarmos destes quatro pontos importantes:
> - *Seja sempre verdadeiro naquilo que diz.* Aquilo que dizemos ou escrevemos sempre vem de nossos pensamentos e intenções.
> - *Não use as palavras para magoar os outros.* Se seu objetivo é manipular colegas, membros da equipe ou clientes, iniciando falsos boatos sobre uma pessoa ou evento, então sua fala não está fundamentada em intenções positivas nem construtivas; não é correta e conduzirá a ações negativas que, como todas as ações, constituem o karma.
> - *Não se envolva em difamação, abuso verbal nem crítica prejudicial.* O oposto da fala dura ou negativa é o treino da tolerância e o respeito por perspectivas diferentes sem envolvimento emocional ou pessoal com a crítica.
> - *Evite conversas sem sentido, como fofocas.* Com frequência, a fofoca é a causa de boatos, os quais podem afastar ou até mesmo destruir pessoas e planos bem-intencionados.

Como líderes empresariais, quanto mais nos focalizarmos em "nós ganhamos, vocês perdem", mais estaremos pensando incorretamente, o que, de modo inevitável, conduzirá à fala incorreta. A verdadeira duração ou cronologia do ganhar ou perder é passageira, existe momento a momento e não ocorrerá novamente. A compaixão tem uma vida kármica muito mais longa.

Quando, como pessoas de negócios, falamos sobre ganhar uma fatia do mercado à custa de eliminar outra empresa ou sobre convencer o público de que uma mudança pequena ou insignificante em nosso produto é um grande benefício para o cliente, estamos envolvidos na fala incorreta. Será que mudar o formato de uma garrafa de refrigerante contribui para uma sociedade melhor? Será que contribui para melhorar o sabor do refrigerante?

Um ambiente de trabalho positivo depende daquilo que comunicamos uns aos outros.

As intenções positivas relacionadas à fala incluem a honestidade, o não envolvimento em dano ou abuso verbal e a evitação da difamação e da conversa sem sentido.

Princípio Orientador 4: Ações Corretas

Como um Princípio Orientador nos negócios, deveria ser relativamente fácil seguir as Ações Corretas. O foco são os resultados de nossas ações. Ações prejudiciais ou incorretas são o resultado de pensamentos nocivos (ou incorretos) – este é um exemplo da interligação do Nobre Caminho Óctuplo.

As ações incorretas são, até certo ponto, incluídas como delitos em nosso sistema legal, portanto todo líder empresarial deveria ver a si mesmo seguindo as mesmas regras. Esses comportamentos só ocorrem quando nossa mente não muito concentrada é dominada pela raiva, ganância e ignorância a respeito do que é realidade.

Entretanto, a grande questão é que as Ações Corretas não podem ser avaliadas apenas com base na legislação existente. O sistema legal tem uma relação desconfortável com a moralidade e a ética e, quando entra nessa esfera, temos longas e demoradas discussões e poucas definições claras. Aquilo que é permitido pode não ser eticamente correto ou moralmente honesto, de acordo com as definições e o contexto.

A Ação Correta exige que olhemos para além daquilo que é permitido, para aquilo que é correto (ou seja, Não Causar Danos) e incorreto (causar sofrimento). Como todas as decisões morais e éticas, precisamos questionar nossas intenções. As ações realizadas com base na aversão, na ganância ou na ignorância nunca serão éticas.

Se determinada lei no país nativo de uma corporação, por exemplo, é mais abrangente (mais ética) do que uma lei semelhante em outro país onde a companhia tem negócios, a lei que oferece os padrões mais elevados deve ser aplicada. Assim, a Ação Correta requer que todos os investidores, executivos e comitês administrativos examinem individualmente seus pensamentos, palavras e ações subsequentes à luz do sofrimento que causam ou não.

As indústrias de tabaco e as de bebidas alcoólicas seriam muito pressionadas, em minha opinião, para defender os benefícios duradouros e o estilo de vida sem sofrimento proporcionados por seus produtos. Além disso, executivos e organizações que atuam fora das regras deveriam ser considerados culpados e processados por suas ações ou omissões (como foram os executivos da Enron, da Tyco, da Hollinger e da WorldCom). Por outro lado, um fazendeiro que utiliza a agricultura orgânica e planta alimentos seguros e nutritivos e um empreiteiro que utiliza adequadamente a energia solar, geotérmica ou a força do vento para gerar energia não poluente não teriam dificuldade para fazer um julgamento ético do não sofrimento provocado por seus produtos.

Princípio Orientador 5: Modo de Vida Correto

Modo de Vida Correto significa ganhar a vida de maneira honesta, ética e moral. Esse Princípio Orientador exige que nosso meio de vida não crie sofrimento nem prejudique a nós mesmos e aos outros e não viole os outros Sete Princípios Orientadores.

O trabalho em indústrias que causam danos ou morte estaria fora desse Princípio Orientador. Portanto, o trabalho nas indústrias militares ou de armamentos, cujo único propósito é criar armas que matam ou ferem os outros, viola diretamente esse princípio. Os meios de vida que utilizam o roubo, a fraude, o suborno ou os jogos de azar também provocam danos, criam consequências kármicas negativas e têm potencial para produzir vingança. A venda de produtos químicos tóxicos ou de corpos (por exemplo, escravidão ou prostituição) também são exemplos óbvios de meios de vida incorretos.

Você pode investigar cuidadosamente seu próprio trabalho ou ocupação. Se aquilo que você faz ou se aquilo que sua organização faz viola os Cinco Preceitos, o trabalho no qual você e seu empregador estão envolvidos é um meio de vida incorreto. Seu trabalho, em termos budistas, seria definido como antiético. Lembre-se, contudo, de que, com o passar do tempo, qualquer organização pode ver suas intenções éticas mudarem para melhor ou pior. Ao praticar o Modo de Vida Correto, nosso objetivo é participar de uma organização ou de um trabalho que incline positivamente nossa mente na direção da tranquilidade, da compaixão e da sabedoria.

Compaixão

Princípio Orientador 6: Esforço Correto

Para começar a fazer o Esforço Correto é preciso ir mais devagar para que possamos nos despir de estados mentais negativos. Os negociantes acostumados a passar a vida profissional "apagando incêndios" podem considerar isso um desafio. Especialmente porque o comportamento vigoroso provocado pela excitação e gratificação imediata tornou-se um apego para muitos líderes.

Esforço correto (positivo)	**Pensamento/ação incorretos (negativo)**
• Pensamento racional e claro; não desproporcionalmente preocupado com o "eu".	• Pensamento irracional, subjetivo; ideias geradas no calor da paixão.
• Enxergar o quadro mais amplo, conhecendo o Caminho do Meio, e não se emaranhar, perdendo a objetividade.	• A mente e os pensamentos confusos, impedindo que se enxergue a diferença entre ambos.
• Saber como os apegos levam ao sofrimento.	• Aumentar continuamente o apego à ganância, à aversão e às ilusões.
• Desejar e precisar pouco; não ser ganancioso.	• Desejar demais muitos objetos e ser muito consumista.
• Estar satisfeito com os próprios pensamentos, consigo mesmo e com o ambiente.	• Ter um baixo nível de autorrespeito; nunca estar satisfeito.

• Estar em paz consigo mesmo, apreciando o valor da solidão, da tranquilidade e da meditação.	• Não se sentir confortável consigo mesmo, incapaz de alcançar a tranquilidade e utilizando a fala incorreta para camuflar o desconforto.
• Aplicar a disciplina e a concentração aos pensamentos e ao comportamento esforçando-se para estar no controle da mente e de seus pensamentos positivos.	• Não gastar energia para controlar os pensamentos; não eliminar a ociosidade da mente; ser mentalmente inquieto, sonhar acordado.
• Ser positivo e autossuficiente, em geral sem precisar recorrer aos outros.	• Ser inseguro em relação a si mesmo e exigir que os outros prestem atenção a seus esforços e ofereçam apoio mental e emocional.

O Esforço Correto pode ajudar-nos a superar as preocupações diárias na vida pessoal ou nas interações profissionais.

Para alcançar o foco mental e a disciplina necessários para superar os Cinco Obstáculos (veja o Glossário de termos budistas), Buddha nos ofereceu três passos preparatórios para compreender melhor o funcionamento da mente. O Princípio Orientador do Esforço Correto nos ensina a:
- evitar estados mentais negativos;
- superar estados mentais negativos assim que surgirem;
- manter e cultivar estados mentais positivos.

O quadro das páginas 115 e 116 sugere alguns exemplos dos pensamentos que resultam dos Esforços Corretos e seus opostos – pensamentos negativos ou incorretos.

O Esforço Correto requer paciência e disciplina para começar a desacelerar, para que nossa mente também possa desacelerar. Quando estivermos tranquilos, poderemos nos concentrar em nossos pensamentos e intenções.

Princípio Orientador 7: Concentração Correta

Estar concentrado é compreender como usamos nossa mente. Esse Princípio Orientador, como todos os outros passos no Caminho de Buddha, é um programa de autodesenvolvimento – podemos pensar nele como se fosse o aprendizado de algo novo.

O objetivo da aprendizagem é enxergar nossa própria essência, separando a mente de tendências e opiniões, conceitos e ideias, e interpretações de percepção. Aprendendo a fazer isso, a mente torna-se aguçada, não distorcida e capaz de penetrar profundamente. A principal ferramenta para desenvolver essa habilidade é a meditação (a meditação e sua aplicação são tão fundamentais para cultivar a perspectiva adotada neste livro que uma introdução à meditação foi incluida como Apêndice III).

Sem nenhum treinamento, em geral, a mente pula rapidamente de um pensamento para outro. As pessoas que praticam a meditação chamam esse fenômeno de "mente-macaco", como a ação de macacos travessos pulando rapidamente de um galho para outro. Isso é muito normal para nós, em razão do ritmo de nossa atual comunidade empresarial. Contudo, de uma perspectiva budista, um ambiente assim produz decisões administrativas desinformadas, provocadas por atenção incorreta. O objetivo é realmente realizar todas as atividades com atenção – falar, solucionar problemas, respirar, comer etc. – e obter clareza mental a respeito delas. É por meio da prática da meditação e da tranquilidade e do *insight* que esta prática proporciona à mente que podemos enxergar o mundo como ele verdadeiramente é.

Daí vem a ideia budista de viver no momento. Estar presente momento a momento não é o que a maioria das pessoas naturalmente está inclinada a fazer. Em geral, certamente não estamos treinados a fazer isso. Estar aqui, agora, significa estar consciente dos movimentos físicos e mentais que realizamos todos os minutos de todos os dias.

Estar atento é enxergar cada momento como um evento separado, para podermos ficar conscientes da singularidade de cada momento sem os apegos daquilo que Bhante Gunaratana chama de "respostas socialmente condicionadas ou reações habituais". Pela Concentração Correta, vemos nossas ansiedades como realmente são: uma simples experiência de medo. Percebemos que esse medo não é *nós*, mas simplesmente um fenômeno mental, um reflexo de nosso apego a experiências ou percepções anteriores, ou a resultados futuros. Nós não somos nossos medos, nossas tendências, nossas percepções nem nossas crenças e pensamentos – tudo isso são meras construções que a mente aceita durante a vida. Com esse programa de autodesenvolvimento para vermos quem somos *agora* – e, então, no momento seguinte e no seguinte –, cada momento é visto por uma mente organizada, diferente do momento anterior e do seguinte.

No modelo budista, aprendemos primeiro a nos ver claramente (até o âmago de nosso ser) e, com base nessas observações pessoais, a ver claramente outros assuntos, preocupações, problemas e oportunidades no mundo externo.

Princípio Orientador 8: Meditação Correta

Este Princípio Orientador, como o anterior, é fundamentado na meditação. Podemos perceber a importância que Buddha dava à meditação e à necessidade de usar a mente corretamente, notando que dois dos Oitos Passos desse Caminho se baseiam na compreensão da natureza dos pensamentos, intenções e ações, para nos assegurarmos de fazer escolhas e decisões sábias.

Como resume Bhante Gunaratana:

> Em geral, quando dizemos que alguém está se "concentrando", talvez queiramos dizer qualquer coisa, desde estar entretido assistindo a um *show* na televisão, criando estratégias em um jogo de xadrez, até tramando um crime. Mas a "concentração" que Buddha ensinou como parte de seu Nobre Caminho Óctuplo tem três características especiais: é sempre saudável; vai até níveis muito profundos e poderosos de um foco concentrado; e incorpora a utilização da atenção para desenvolver a sabedoria.

Nitidamente, esse tipo de "concentração" é mais comum no budismo que nas salas da diretoria. Mas isso não significa que não possa oferecer benefícios a ambos.

Princípios e valores

Os Princípios Orientadores do Nobre Caminho Óctuplo não são específicos das empresas. Não começam com a organização – começam com você e comigo. Os Princípios Orientadores podem ser uma bússola útil para nossas intenções, mas provavelmente vão exigir que pensemos fora dos limites do pensamento econômico tradicional. Se nos agarrarmos à livre-iniciativa *irrestrita*, então os valores humanos e o ambiente estarão sempre competindo com o grande prêmio – o lucro.

> "As pressões do tempo com frequência estão ligadas à necessidade de trabalhar longas horas para sustentar hábitos de consumo – e modernizar, armazenar ou manter bens. Os americanos estão entre os povos que mais trabalham no mundo industrial, gastando 350 horas (nove semanas de trabalho) a mais no trabalho a cada ano do que a média dos europeus."
>
> Worldwatch Institute

Os Princípios Orientadores não são mandamentos. Representam um plano racional e defensível para melhorar a qualidade da vida humana. Se nós, como líderes, reconhecermos os Princípios Orientadores como um código pessoal de pensamento, intenção e ação, então a aceitação por nossa organização será um próximo passo natural. A harmonia entre os valores pessoais e corporativos é essencial se a organização quiser viver os valores que proclama. O desafio é integrar os Princípios Orientadores às práticas administrativas existentes e demonstrar como uma corporação pode incluir os Princípios Orientadores em seus processos organizacionais. Como isso seria?

Os Princípios Orientadores não são úteis apenas como um conjunto de ideais nos quais uma organização pode fundamentar seus valores, mas também podem ser uma ferramenta útil para explicá-los de modo que todos os membros da organização possam compreendê-los e segui-los. Além disso, ajudam a definir as ações que podem despertar os valores dentro da organização e proporcionar clareza de comunicação que assegura uma compreensão comum entre todas as partes interessadas.

Vamos examinar um possível modelo para uma Declaração de Valores consistente com o princípio Não Causar Danos, baseado na descrição do Capítulo 2, e analisá-lo no contexto dos Oito Princípios Orientadores.

Declaração de valores Não Causar Danos

a) Um valor essencial de nossa companhia é estarmos continuamente atentos com relação às nossas intenções e contribuirmos positivamente para criar "comunidades melhores" entre nossos participantes internos e externos.

b) Trabalhamos e administramos os negócios com o espírito de parceria.

c) Todas as interações entre as pessoas, bem como com o meio ambiente, baseiam-se em uma crença sólida no respeito e na decência.

d) Estamos comprometidos com o autoconhecimento e o desenvolvimento.

e) Respeitamos todas as diferenças individuais.

f) Reconhecemos que a mudança é inevitável.

g) Temos paixão por nossos produtos e serviços.

h) Não vamos adquirir matérias-primas nem projetar, nem fabricar nem vender quaisquer produtos ou serviços que sejam prejudiciais às pessoas ou ao meio ambiente.

Assumindo uma visão holística, o princípio Não Causar Danos (incluído em todas essas declarações) ilustra a intenção de uma organização de ser uma excelente cidadã corporativa. Isto é, sua intenção é Não Causar Danos e contribuir pró-ativamente para construir uma sociedade melhor entre todas as partes interessadas, comprovadamente o melhor exemplo para as atuais iniciativas da Responsabilidade Social Corporativa.

As declarações *b* até *e* tratam especificamente dos valores de recursos humanos que as corporações modernas e socialmente responsáveis podem estabelecer. As palavras podem variar de uma organização para outra, mas os valores continuam os mesmos.

O primeiro Princípio Orientador – Entendimento Correto – mostra que as intenções e ações relacionadas a um "espírito de parceria" (declaração *b*) devem ser construtivas, apoiadoras e não prejudiciais. O segundo Princípio Orientador – Pensamento Correto – nos faria olhar dentro de nosso coração e mente para confirmar que nossas intenções se baseiam no desejo de parceria e não, por exemplo, na manipulação.

O Princípio Orientador da Atenção nos faria olhar pacientemente para dentro de nós mesmos, de modo que nossas paixões fossem vistas claramente. Isso requer o reconhecimento de que a bondade, como todas as outras características, é impermanente e, portanto, deve receber atenção momento a momento (declaração *f*).

> Uma introdução à meditação é apresentada no Apêndice III. Há muitas outras excelentes introduções à meditação disponíveis e recomendo veementemente que você explore uma ou mais delas. Entre as mellhores, estão as seguintes:
> - *Meditação para todos*, de Bhante Henepola Gunaratana.
> - *Breath by breath*, de Larry Rosenberg.
> - *Zen meditation in plain English*, de John Daishin Buksbazen.
> - *Insight meditation*, de Joseph Goldstein.

Igualmente, "uma paixão por nossos produtos e serviços" (declaração *g*) ilustra o Princípio Orientador do Meio de Vida Correto que pretende assegurar que todos os produtos e serviços contribuirão positivamente para o bem-estar dos outros.

Os mesmos Princípios Orientadores que formam o Caminho dos budistas para acabar com o sofrimento podem ser usados para criar uma organização que siga o princípio de Não Causar Danos e, subsequentemente, Criar uma Sociedade Melhor. É também o mesmo Caminho que oferece a estrutura para modificar a livre-iniciativa irrestrita para que o ganho de lucros e o bem-estar da sociedade não sejam incompatíveis.

Compaixão

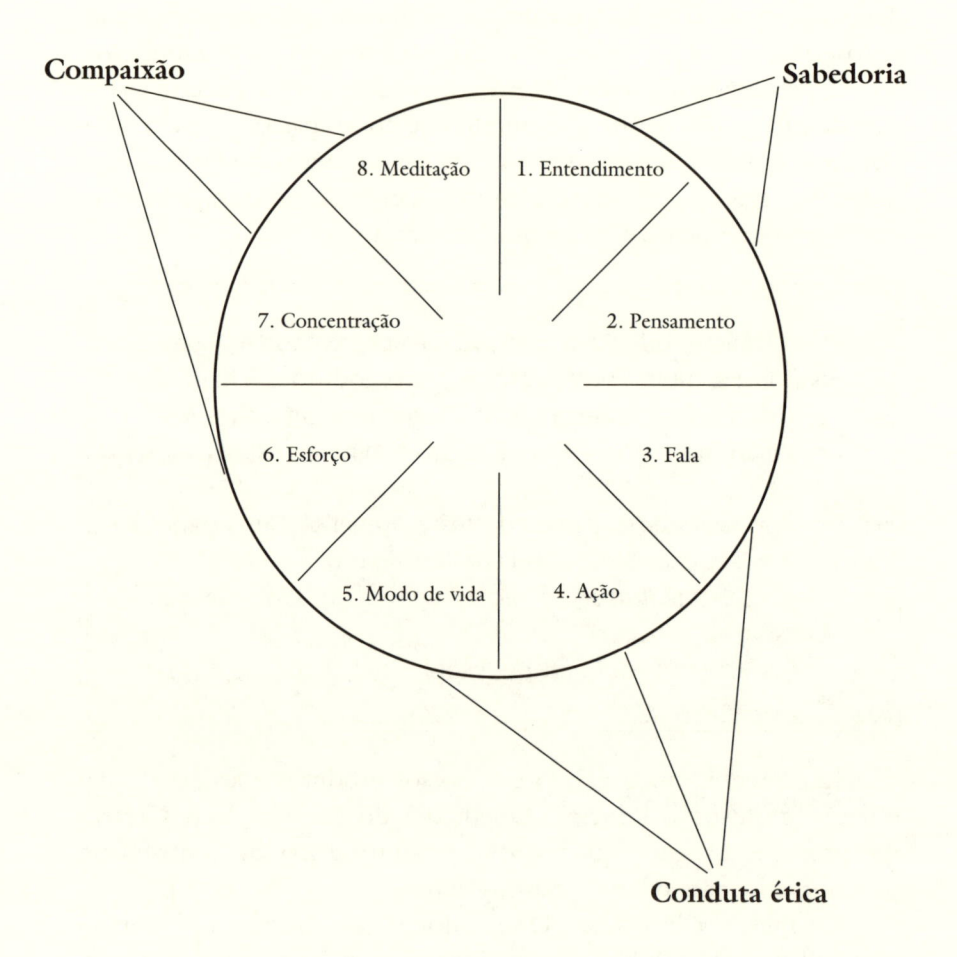

Sabedoria

8. Meditação
1. Entendimento
7. Concentração
2. Pensamento
6. Esforço
3. Fala
5. Modo de vida
4. Ação

Conduta ética

Figura 7.1 – O Nobre Caminho Óctuplo.

"A natureza não é simplesmente uma coleção de matérias físicas passivas, esperando silenciosamente para ser escavada ou cortada, mas sim um sistema dinâmico, vivo, de plantas, animais, solos, águas, clima e inúmeros outros processos que constituem a fonte fundamental de todas as nossas atividades econômicas."

Barbara Brandt

8
O QUE BUDDHA VALORIZA?

Budismo, economia e o mundo interligado

Em *Breakdown of nations*, Leopold Kohr argumenta que, à medida que comunidades e cidades-Estado se tornaram nações maiores e adotaram o pensamento econômico ocidental tradicional, a ilusão do progresso material ganhou mais importância. Os "trabalhadores industriais modernos", observa Kohr, "agora produzem em uma semana o que seus colegas do século XVIII demoravam quatro anos para produzir". Naturalmente, enquanto a produção industrial subsequentemente se tornou gigantesca, fato semelhante ocorreu com o custo de participar dela como trabalhador e como consumidor.

Abordando a fascinação pela dimensão econômica, Fritjof Capra ressalta, em *O ponto de mutação*, que enquanto um tamanho "adequado" não for interna ou externamente excedido, provavelmente quase qualquer organização (política ou corporativa) vai funcionar, sem a necessidade de criar mecanismos significativos de controle. Ele também argumenta que, quando o tamanho se torna um problema, os mecanismos de controle com frequência mostram ser os elementos mais prejudiciais na operação administrativa e criativa de uma sociedade ou corporação holística. Pequenas instituições têm pequenos problemas que podem ser enfrentados pela maioria dos indivíduos. Mas, à medida que as instituições, corporativas e políticas, tornam-se maiores, os problemas aumentam exponencialmente, como nos casos de pessoas e instituições financeiras cujos objetivos são conflitantes. Assim, enquanto as instituições aumentam de tamanho, o esforço para administrá-las também deve aumentar.

Outra perspectiva sobre tamanho e empreendimento econômico é oferecida por Ernst Schumacher. Apesar de não ser budista, passou muito tempo em Burma (atual Mianmar), na década de 1960, como conselheiro econômico do governo birmanês. Em *Small is beautiful: economics as if people mattered*, ele comenta a maneira como as comunidades se desenvolveram usando práticas budistas locais. Com base nessas experiências, conclui que as pessoas precisam fazer a diferença na própria vida econômica e que a única forma para isso é tendo a capacidade de influenciar o sistema econômico no qual elas atuam. As pessoas precisam compreender e controlar a economia em sua vida em vez de viver sempre com um impacto insignificante em sua situação financeira.

Schumacher visualizou uma sociedade em que governos e sistemas econômicos estão verdadeiramente sob o controle humano e na qual o tamanho das instituições seria menor que o das modernas corporações. Criadas a partir de um parâmetro humano, seriam mais sensíveis, com um máximo de tomada de decisões descentralizadas. O ritmo da mudança seria regulado não pelo desejo de lucro e de poder de uma minoria influente, mas pelas necessidades diárias de comunidades humanas de pequena escala e pelas capacidades psicológicas de adaptação dos membros da comunidade.

Este capítulo apresenta uma perspectiva budista da economia: *a livre-iniciativa em escala humana*. Começaremos explorando os princípios de organização no mundo natural. Isso não tem apenas implicações para o tamanho das instituições, mas também proporciona *insights* instrutivos da interligação de toda vida. A implicação é que a ordem natural de tudo pode dar essência ao pensamento econômico ocidental. Esse é o ponto de partida da economia budista, o qual repercute na maneira como vemos o mundo e como nós, como corporações e indivíduos, agimos nele.

Surgimento condicionado

Os ambientes, de ecossistemas como o fundo do mar a organizações como as companhias em que trabalhamos, operam como sistemas complexos. São sistemas vivos em constante evolução, indistinguíveis e inseparáveis de seus ocupantes; e, ao mesmo tempo, são sistemas holísticos com comportamentos dinâmicos únicos que se desenvolvem e mudam com o passar do tempo.

A dinâmica organizacional que liga cada uma das partes de uma companhia – dos líderes ao ambiente no qual a empresa atua – está em constante estado de mudança, sempre passando por um complexo processo de evolução.

Ao fazermos uma analogia com o mundo natural, notamos que de acordo com muitos cientistas modernos, como Carl Sagan e David Suzuki, a resposta biológica natural a essa complexidade e flutuação, historicamente, não tem sido a concorrência – como normalmente supomos e como com frequência é o caso no contexto do mundo corporativo –, mas a cooperação. Esses cientistas propuseram a ideia de que o conceito original de evolução linear de Charles Darwin não pode explicar completamente a complexidade e a interligação da vida, e não somente demonstraram de forma convincente que a evolução é muito mais provavelmente o resultado da cooperação do que da concorrência, como também descreveram os tipos de métodos e mecanismos utilizados, por exemplo, no mundo microbiano, para compartilhar tecnologia e mecanismos para criar complexidade. Na realidade, é provável que a maioria das células microbiológicas simples que compõem as atuais estruturas celulares complexas e nosso DNA sejam mais um resultado de uma interação simbiótica do que simples máquinas celulares que evoluíram independentemente. O mundo microbiano usa essas ferramentas para promover constância no ambiente e favorecer condições que apoiem a vida.

No âmbito planetário (o macronível), processos igualmente complexos e cooperativos também são evidentes. Recobrindo a camada terrestre, há uma "rede viva" de seres sencientes e elementos planetários. A Terra, cuja totalidade – os oceanos azuis, as grandes quantidades de terra verde e marrom e as nuvens brancas – causou admiração nos primeiros astronautas, está literalmente viva. Essa rede viva criou condições dinâmicas para assegurar a sobrevivência na Terra, garantindo, por exemplo, uma constância relativa de temperatura por mais de três ou quatro bilhões de anos, apesar de um aumento de 30% na radiação solar.

> "Está claro que a economia budista precisa ser muito diferente da economia do materialismo moderno, uma vez que o budista vê a essência da civilização não na multiplicação de desejos, mas na purificação do caráter humano. O caráter, ao mesmo tempo, é formado principalmente pelo trabalho [de uma pessoa]. E o trabalho, adequadamente realizado em condições de dignidade e liberdade humana, abençoa aqueles que o realizam e igualmente seus produtos."
>
> *Ernst Schumacher*

A visão sistêmica da vida percebeu que a cooperação entre todos os sistemas vivos produziu esse manto vivo. A cooperação nos âmbitos maiores (planetário) e menores (microbiano) criou uma rede de vida que sustentou formas de vida cada vez mais complexas e sofisticadas, até a atual espécie humana. Mesmo assim, essas formas de vida estão interligadas e não podem existir sozinhas.

Escolhi esses sistemas específicos para essa analogia por um motivo. Esses são sistemas vivos, com flexibilidade interna, cujo funcionamento é controlado não por estruturas mecânicas rígidas, mas pelas relações dinâmicas, propriedades do princípio dinâmico de *auto-organização* (ver boxe na página seguinte). Um organismo vivo (por exemplo, um ser humano) é um sistema auto-organizador: sua estrutura e seu funcionamento não são impostos apenas pelo meio ambiente, mas estabelecidos pelo próprio sistema. Os sistemas auto-organizadores exibem certo grau de autonomia. Por exemplo, tendem a estabelecer seu tamanho de acordo com princípios internos de organização, independentemente de influências ambientais. Isso não significa que os sistemas vivos estejam isolados de seu ambiente; ao contrário, interagem continuamente com este, mas essa interação por si só não determina sua organização.

> Os sistemas auto-organizadores são caracterizados por dois fenômenos dinâmicos:
> - *Autorrenovação*: a habilidade para renovar e reciclar continuamente seus componentes, ao mesmo tempo mantendo a integridade de sua estrutura total;
> - *Autotranscendência*: a habilidade para se expandir criativamente além dos limites físico/mental/psicológico para aprender, desenvolver e evoluir.

Assim, não é de surpreender que os princípios de auto-organização presentes no mundo natural também se manifestem nas práticas empresariais. A maioria de nós reconhece a necessidade de reinvestir continuamente na corporação (autorrenovação) e a necessidade de pensar "fora da caixa" (autotranscendência). O próprio fato de sermos uma parte em desenvolvimento, tanto de nossa corporação quanto do mercado em que realizamos negócios, é mais uma evidência de nossa interligação, uma vez que influenciamos o mercado com aquilo que fazemos, enquanto o mercado influencia a natureza da corporação.

Nossa interligação é crucial. O monge vietnamita Thich Nhat Hanh refere-se a essa relação especial como "interexistência". Os sistemas auto-organizadores, pela própria nomenclatura, podem parecer autônomos. Mas Buddha alertou contra uma visão exagerada daquilo que a filosofia ocidental poderia chamar de "livre-arbítrio". Em um mundo interligado, a livre-iniciativa é limitada e, na melhor das hipóteses, relativa. Ao contrário, Buddha ensinou que qualquer ideia de um *self* totalmente independente é ilusória e defendeu a transcendência desse conceito por meio da consciência de que somos partes inseparáveis do universo em que vivemos.

Sistemas auto-organizadores

O que as corporações que operam em nosso atual ambiente de livre-iniciativa podem aprender com a ordem natural das coisas? Considere os cinco princípios a seguir, relacionados com algumas poucas extrapolações práticas:

1. *O crescimento e o desenvolvimento vêm das corporações e não da concorrência. Há uma interligação entre todos os seres.*

• Quanto mais uma corporação trabalha contra esse princípio, mais criará graus variáveis de caos dentro da própria organização e, se suficientemente amplo, no mercado.

> "Um sistema econômico que respeita a Terra também é aquele que melhora a qualidade humana de vida. A [*Natural School of Economics*] percebe os seres humanos e a Terra não como concorrentes, mas como participantes de uma relação de apoio mútuo."
> Barbara Brandt

• Nenhuma corporação, independentemente de seu tamanho ou influência, pode sobreviver em isolamento.
• Quanto mais uma corporação se une e coopera com seus investidores, maior é a probabilidade de sucesso.
• Uma corporação é resultado de sua cultura e é moldada por esta. Conhecer a cultura corporativa e os princípios orientadores que a sustentam ajuda a assegurar a clareza, o foco e o potencial para um crescimento de longo prazo. Os produtos e os serviços comercializados por uma corporação são o resultado da sua cultura.

2. *Todas as formas de vida são sistemas auto-organizadores e os próprios sistemas estabelecem sua estrutura e função.*

Auto-organização significa a habilidade para renovar continuamente (evitar a extinção) e transcender os limites individuais.
• Para sobreviver, uma corporação precisa superar o caos no mercado (notando que um pouco desse caos é autogerado e que, quanto maior a corporação, maior será o caos que provavelmente criará).
• As corporações viáveis e progressivas aprendem a transcender as próprias percepções e visões rígidas e a perceber que isso não mina sua viabilidade. Um banco moderno faliria se limitasse a autoidenti-

dade às "operações bancárias", não aos "serviços financeiros" (com todos os negócios adicionais – investimento, seguro etc. – envolvidos). A definição antiga não se aplica mais.

3. *A Lei de Causa e Efeito, apesar de ser um ensinamento fundamental no budismo, também é uma lição da natureza: "o que vai, volta".*

- Embora uma corporação seja uma entidade legal, seus guardiões são o conselho diretor e os executivos sêniores. O que essas pessoas fazem, ou não, em nome da corporação ativa uma reação em cadeia que sempre tem consequências.
- Se os guardiões agirem mal e violarem as convenções sociais e/ou a lei, haverá um preço a pagar. Essa ação incorreta inevitavelmente levará, por meio de outro canal, a uma consequência negativa.
- Ignorar a interligação de todas as pessoas pode criar resultados para além das expectativas dos guardiões. Desconsiderar os trabalhadores e a relação entre eles e com a corporação resultará em rotatividade de pessoal, alienação e relações negativas com os sindicatos.
- A insensibilidade pelas necessidades dos clientes com relação à qualidade de produtos/serviços a preços justos permitirá que os concorrentes atraiam seus clientes.
- A sociedade, por meio de suas leis, iniciou um sistema para permitir a criação de corporações. Desconsiderar a responsabilidade para com a sociedade apenas levará ao sofrimento humano, de uma forma ou de outra.

4. *Sempre existe a oportunidade de fazer escolhas.*

- Embora as corporações, por meio de seus guardiões, existam para gerar lucros, esses guardiões não devem presumir que qualquer um ou todos os investidores continuarão a apoiar com lealdade e dedicação essa definição limitada.
- Para que clientes e trabalhadores sejam leais (uma escolha que cada um faz por si mesmo), é preciso haver um comportamento recíproco por parte da corporação. As relações unilaterais estão condenadas à lixeira do fracasso corporativo.
- Para garantir que clientes e trabalhadores permaneçam leais, as empresas precisam tratar os trabalhadores com respeito e dignidade,

oferecer segurança, qualidade de produtos/serviços e operar de maneira ética e responsável.

5. *O tamanho tem impacto em cada aspecto de um organismo vivo.*

• Uma grande corporação não pode comportar-se como uma pequena empresa familiar. As tentativas para fazer isso, no final, levam a corporação a se dividir em organizações menores ou ao fracasso nos negócios.
• Quanto maior for a corporação, maior é a necessidade que os guardiões veem de exercer controle. Com frequência, isso gera uma infraestrutura significativa e pode levar à diminuição do compromisso pessoal de trabalhadores e clientes.
• As companhias maiores têm mais instâncias administrativas, o que afasta trabalhadores e clientes do "coração" do sistema (pequenas instituições financeiras como associações de crédito falam sobre ter "membros", enquanto bancos maiores têm "clientes").
• O tamanho pode conduzir os guardiões a ilusões de grandeza e a colocar em risco a viabilidade da corporação.

Economia budista

Então, como fazer para integrar as lições do mundo natural a nossas práticas econômicas e empresariais? Como devemos incorporar as noções de tamanho, complexidade e interligação que Capra, Schumacher e outros autores defenderam? A resposta é o que chamarei de economia budista – embora reconheça sinceramente minha dívida com a escola de Economia Natural (que discutimos no Capítulo 4).

A economia budista, conforme articulada por Schumacher, não é um conceito econômico no sentido tradicional, mas uma ideia: um programa para ser completado pelos outros à medida que se entusiasmam com essa causa. Lembre o exemplo do Movimento Sarvodaya que discutimos anteriormente. O que o dr. Ari T. Ariyaratne demonstra com o Sarvodaya é que os argumentos econômicos *não* são argumentos científicos. Ao contrário, a economia é um discurso sobre os acordos que governam as pessoas em busca de suas atividades humanas produtivas e distributivas na sociedade.

Isso pode ser até mesmo uma ideia de economia budista como resultado do Princípio Orientador do Meio de Vida Correto, uma das lições da Quarta Nobre Verdade de Buddha, o Nobre Caminho Óctuplo. Esse Princípio Orientador inclui Não Causar Danos – a seres sencientes ou ao meio ambiente – em seu sentido mais inclusivo. Como as pessoas precisam viver, e viver corretamente, elas precisam resolver suas necessidades econômicas sem causar sofrimento.

A tônica da economia budista é a simplicidade, a ecologia e a não violência. De um ponto de vista economista natural, a maravilha do estilo de vida budista é sua simplicidade. Schumacher chamou isso de "meios surpreendentemente pequenos que levam a resultados extraordinariamente satisfatórios". Da perspectiva da economia budista, o propósito da vida econômica é obter o máximo de bem-estar com o mínimo de consumo. Isso significa que a economia mais racional é a que produz localmente para as necessidades locais ou comunitárias.

Os ensinamentos do Buddha aconselham uma atitude reverente e não violenta com relação não apenas a todos os seres sencientes, mas também com a natureza como um todo.

Por outro lado, falando de modo geral, a prática econômica moderna no mundo industrializado não se importa muito se um recurso é ou não renovável nem com a situação do meio ambiente após a ocorrência de atividade produtiva. Viver com o dinheiro de um recurso não renovável em lugar da energia renovável é essencialmente parasitário. Um economista tradicional, por exemplo, olharia as estatísticas mostrando um aumento na quantidade de litros de óleo diesel usado para transportar mercadorias dos fabricantes para os consumidores como prova de progresso econômico, uma vez que há mais mercadorias indo para o mercado. Um economista budista, por sua vez, veria os mesmos cálculos como uma escalada altamente indesejável no consumo e seu resultante impacto no meio ambiente.

O indivíduo na economia

O salário de um indivíduo é necessário para satisfazer as quatro necessidades básicas da vida: alimento e água, abrigo, roupas e medicamentos. O rendimento adicional pode atender a outras necessidades, incluindo a de ser generoso e compassivo com os menos afortunados.

Se, entretanto, o rendimento adicional nos induzir ao materialismo e ao consumismo desnecessário, um tempo valioso – o verdadeiro benefício do rendimento adicional – será retirado de nosso desenvolvimento moral, ético e espiritual.

Assim, a avaliação budista da livre-iniciativa tem importantes implicações para o indivíduo. A consequência inevitável da globalização é que centenas de milhares de empregos vão para onde o custo do trabalho é mais baixo. Nessa transferência, há um benefício limitado para as nações menos desenvolvidas, mas o que dizer daqueles que ficaram desempregados em seu país natal? Uma corporação que pense cuidadosamente no custo humano de suas iniciativas terceirizadas – e aja de acordo com essas considerações, buscando outras opções – é uma rara exceção. Como nosso atual sistema econômico não corresponde holisticamente ao bem-estar das pessoas, o número de pessoas vivendo na linha de pobreza e daquelas que se tornam desnecessárias aumenta constantemente.

A divisão de trabalho inerente ao capitalismo é sistematicamente desumanizadora. As tarefas tornam-se tão subalternas e insignificantes que o indivíduo não tem esperança de expressar seu potencial humano por meio delas. Pela influência de homens como Henry Ford e Frederick Taylor – os campeões do século XX da divisão entre valores humanos e emprego –, "alegria" no local de trabalho tornou-se a exceção e não a regra.

A visão econômica tradicional de que o trabalho está associado à insatisfação, diferentemente de épocas anteriores, mas dolorosamente óbvia nos primeiros países industrializados, está surgindo agora nos países em desenvolvimento. Quando os economistas naturais afirmam que o trabalho tem uma função humanizadora, eles não estão propondo algo novo, mas reafirmando uma ideia sobre comunidade que existia antes da era industrial. E isso complementa a perspectiva budista, na qual o trabalho, além de proporcionar um meio de vida, satisfaz três propósitos:

• permitir que homens e mulheres desenvolvam seus talentos, habilidades, competências etc.;

• possibilitar que eles superem seu egocentrismo unindo-se aos outros em uma tarefa comum;

• criar e produzir bens e serviços necessários para a existência dos indivíduos e da sociedade.

> **Os valores implícitos de um mercado livre de valores**
>
> Quando os economistas ocidentais tradicionais afirmam que a economia não tem valores ou é um sistema em que os valores humanos não interferem na operação do mercado, eles estão argumentando que é economicamente aceitável, por exemplo:
> - pagar os menores salários possíveis, explorando dessa forma muitas pessoas empregadas;
> - planejar o trabalho de tal maneira que as atividades repetitivas ou sem sentido com frequência sejam a norma;
> - permitir a existência de pessoas desempregadas nos países mais ricos do mundo;
> - considerar as pessoas descartáveis – o dano colateral da globalização, o atual sistema da livre-iniciativa.

Argumentaria que não é impossível criar um trabalho que satisfaça as necessidades e gere também recompensas financeiras aceitáveis. Em uma época diferente e um local distante, Buddha ensinou que a inclusão dos três fatores em um sistema econômico leva a uma sociedade estável e saudável.

O Primeiro Fator trata de ganhos ou rendimentos por meios sérios e corretos – por meio de esforços moral e eticamente justos e que abrangem toda a nossa existência. Buddha advertiu-nos contra a tendência de acumular riqueza pela riqueza, afirmando que mais tarde isso levaria ao sofrimento físico e mental nesta ou na próxima vida. Seguir o Caminho do Meio de Buddha – um meio de vida adequado para sustentar a nós e à nossa família, ajudar parentes e amigos e proporcionar apoio financeiro aos necessitados e dignos – conduz ao contentamento e à satisfação interior. Por sua vez, isso resulta no avanço moral e espiritual dos indivíduos e, finalmente, da sociedade como um todo.

Embora haja uma nítida conexão com a distribuição justa de riqueza e seus benefícios resultantes para a sociedade, o budismo focaliza o crescimento e o desenvolvimento individuais – cada pessoa precisa acabar com o próprio sofrimento. Esse Primeiro Fator, portanto, evidentemente coloca o ônus de nosso bem-estar no indivíduo e não no Estado nem nas corporações. A ideia é cuidar de nossas necessidades e das necessidades dos menos afortunados, tendo em mente a compreensão budista de karma: a generosidade resulta em bondade, enquanto o excesso resulta em mais sofrimento.

O Segundo Fator trata da satisfação física ou material que vem do conhecimento de que nossos investimentos e fontes de renda estão protegidos de dano material óbvio (roubo, incêndio etc.). Compatível com a proteção é a prudência em contrair dívidas, para evitar os sofrimentos da dívida incontrolável e as resultantes perturbação e dor que causa.

Em uma de suas lições, Buddha sugeriu a um rico mercador que deveria dividir seus rendimentos e investimentos em quatro partes. Estas deveriam ser distribuídas de modo que uma parte fosse utilizada para a vida diária da família, uma parte para a administração de um negócio, uma parte cedida para os necessitados e a parte final guardada para emergências. Novamente, o objetivo subjacente é ser prudente e ao mesmo tempo proteger nosso rendimento para necessidades básicas, enquanto desenvolvemos os negócios com disposição.

> "As forças de uma economia capitalista, quando não equilibradas, tendem a tornar o rico mais rico e o pobre mais pobre."
>
> *Jawaharlal Nehru*

O Terceiro Fator trata do conceito de Buddha de uma vida simples. A simplicidade é uma virtude porque concede ao indivíduo tempo para desenvolver sua mente. Quanto mais completo esse desenvolvimento, maior a probabilidade de o indivíduo compreender as verdadeiras causas do sofrimento e se voltar para a alegria. A ideia é levar uma vida simples, apreciar o amor da família e dos amigos, a experiência da natureza e economizar para as inevitáveis doenças e emergências.

Viver uma vida com menos materialismo e consumismo – uma vida mais simples – resulta em menos confusão mental e mais tempo disponível para se dedicar a um processo não tão simples: o desenvolvimento da mente.

O que o indivíduo pode fazer

O ambiente em que uma empresa opera é um sistema em desenvolvimento. A visão budista da economia – que nos estimula a viver uma vida simples segundo hábitos de tamanho natural, manejável – permite-nos considerar a ação individual dentro de uma vida econômica. Para começar a diminuir nossa confiança nos bens materiais para obter felicidade e realizar uma mudança construtiva na sociedade, acrescentando valores humanos, tudo o que precisamos fazer, acredito, é avaliar a influência que exercemos sobre o sistema econômico e sobre nós mesmos.

Nosso objetivo é modificar o sistema – e até pequenas mudanças podem se propagar por meio de formas que estão além de nossa estrita imaginação, tendo consequências cada vez maiores. Um ato muito simples que você pode realizar hoje é entrar em contato com sua instituição financeira e pedir-lhe que compre uma ação, um título ou um fundo mútuo que seja um investimento "ético" ou "verde". Você talvez não obtenha um resultado imediato, mas a mensagem começará a aparecer: nós estamos equilibrando a importância do meio ambiente e a interligação de toda a vida com nossa necessidade de maximizar ganhos financeiros no curto prazo.

A economia é composta de elementos que trabalham para um conjunto comum de objetivos: lucro, crescimento e, no pior dos casos, sobrevivência financeira a qualquer custo. A ligação entre lucro e crescimento empresarial cria uma relação simbiótica entre investidores e executivos. Pois sem o capital trazido pelo investidor, não há nenhum negócio para ser administrado; e sem negócios, não há retorno de investimento.

A natureza mostra-nos que as relações simbióticas, que são mutuamente gratificantes, em geral têm vínculos muito fortes e dependências entrelaçadas. Se a relação provar ser mutuamente lucrativa, haverá pouca motivação – se houver alguma – para modificá-la. Se a relação é insatisfatória para um ou ambos os parceiros, eles vão embora.

Para inserir os valores humanos na mistura econômica, precisamos começar primeiro pela reavaliação de todas as nossas decisões de compra e dar apoio aos fabricantes e prestadores de serviço que nitidamente demonstram seu apoio aos valores humanos e ao meio ambiente; como essa compra vai afetar a qualidade da vida humana agora e no futuro?

Mais que tudo, precisamos acreditar que somos importantes, que podemos mudar, que podemos Não Causar Danos e influenciar nossas comunidades. Pode parecer que essas questões estão fora da esfera do capitalismo, mas estão no coração do sistema econômico. Se perdermos a confiança em quem somos e seguirmos a multidão em todas nossas decisões de compra, estaremos nos entregando ao marketing maciço e ao consumismo em sua pior forma.

É melhor lembrar de nossa integração no mundo e no padrão cósmico e acreditar em nosso valor e bondade inerentes.

"Aquele que é virtuoso e sábio brilha como a chama do fogo; como uma abelha recolhendo néctar, ele obtém riqueza sem causar danos a ninguém."

Buddha

9

INDO ALÉM DOS RESULTADOS FINANCEIROS:

Ética budista e negócios

O budismo não considera a economia um assunto isolado, mas um campo que se funde com a ética (como nos relacionamos com os outros e com os difíceis problemas da vida) e une nossa espiritualidade (nossa conexão com o corpo/mente e com todos os seres vivos e a natureza). Como acontece com a perspectiva budista da economia, a ética budista para a sala da diretoria oferece lições para as práticas corporativas e o comportamento individual.

Comportamento ético

Pode ser difícil classificar e codificar a ética, apesar da crescente popularidade de declarações de práticas empresariais éticas.

Com muita frequência, jargões como o popular "tripé da sustentabilidade" (lucro mais o bem-estar das pessoas mais a saúde do meio ambiente) são usados apenas como exercícios de relações públicas que só estão associados aos objetivos financeiros de uma companhia e não refletem nenhum compromisso real com o bem-estar global. Embora possa não ser antiética (e essa pode ser uma avaliação generosa), a substituição desse princípio de marketing para a ética corporativa certamente é insincera. Isso leva uma verdadeira discussão sobre ética nos negócios.

De uma perspectiva legal e corporativa, o comportamento antiético pode incluir as ações proibidas pelas leis de direitos humanos, emprego, saúde e segurança; a fabricação e/ou comercialização de produtos com defeito; e suborno ou quaisquer outros atos ilegais protegidos pela legislação civil ou criminal. Entretanto, de uma perspectiva budista, o comportamento antiético vai além das leis da sociedade, incluindo intenções mentais e suas ações subsequentes. A meditação é uma ferramenta eficiente para explorar profundamente nossas intenções.

Ética no trabalho

Se desconsiderarmos por um instante todo o alarde da propaganda e das relações públicas, poderemos distinguir negócios baseados em seus sistemas de valores.

Para fazer essa exploração, junte-se a mim na seguinte experiência de pensamento. Digamos que você trabalha como gerente de produção para um fabricante de tintas que ainda usa chumbo na tinta a óleo. A tinta é vendida em um país em desenvolvimento para pintar brinquedos de criança. Os brinquedos são vendidos novamente nesse país em desenvolvimento, onde as crianças que brincam com eles os mastigam (como as crianças fazem em todo lugar). Algumas ficam doentes. Outras morrem. Como gerente de nível médio, você desconhece esses eventos. Todos os relatórios relacionados a isso eram guardados no departamento legal da corporação. A corporação é processada. Após ter conhecimento do acordo judicial, você se pergunta qual é sua responsabilidade pessoal nesse caso. Você se pergunta por que não se sente bem com o que aconteceu. Sua consciência está perturbada.

Você desempenha bem suas responsabilidades no trabalho dentro da equipe de gerenciamento. Seu gerente, o vice-presidente de produção, está muito satisfeito com seu trabalho, mas você ainda não se sente tranquilo com o que aconteceu. A companhia ocultou informações sobre a exportação de seus produtos, sobre as crianças que adoeceram e, posteriormente, sobre a morte delas. Toda vez que você pensa nas crianças que morreram, lembra-se de que elas podiam ser seus filhos. Mas não, elas não poderiam ser seus filhos, porque seu país tem leis que proíbem o uso de tinta à base de chumbo nos brinquedos das crianças. Contudo, não há leis para a exportação desses produtos. E não há leis para brinquedos de crianças pintados com chumbo nos países em desenvolvimento.

Como você veria suas dúvidas com relação à maneira de lidar com esse incidente? Você sente empatia ou dor pelos pais que perderam os filhos? Sua experiência lhe mostra que o acordo judicial, considerado excessivo pela companhia, não terá nenhum efeito a longo prazo na decisão dos executivos de continuarem exportando tinta à base de chumbo? Você está percebendo que esse incidente o afetou mais do que a maioria das outras transações comerciais? Talvez você perceba que sente uma perda, como se precisasse de um tempo de luto?

A Primeira Nobre Verdade nos diz que "a vida inclui sofrimento". A Segunda Nobre Verdade nos diz que há causas para todo sofrimento e que as causas estão relacionadas a nossos apegos. Como está sofrendo com o resultado dessa tragédia, deve estar apegado a algo. Mas, ao que você está apegado? À falta de interesse demonstrada pela equipe executiva pelas crianças que morreram? Às práticas corporativas que em seu país iriam contra as declarações de valores e da missão da companhia? Ao padrão duplo que valoriza mais o lucro que o bem-estar? A um sentimento de injustiça diante dessa situação que provavelmente não mudará independentemente de quanto dinheiro for pago pela companhia? A sua reação moral ao ver que, de algum modo, você foi cúmplice e que suas ações contribuíram para o acontecimento desses eventos?

O apego a esse incidente não precisa vir de uma única fonte; pode surgir de uma série de eventos. E, assim como pode haver múltiplas fontes potenciais do apego, as muitas fontes de nossas percepções podem trazer novas ideias e experiências à mente. Mas, só depois de reconhecermos e compreendermos que há um apego é que poderemos responder a este.

Digamos que o apego nesse caso seja à injustiça do fato de que o grupo executivo não vai modificar a formulação da tinta nem o marketing para os fabricantes de brinquedos em países menos desenvolvidos. Outras doenças e mortes são uma possibilidade real. A atenção que o levou a essa conclusão é um passo positivo para compreender o sofrimento pelo qual está passando. A atenção também o faz compreender a interdependência entre você, a companhia e as crianças. A pergunta é: o que fazer a seguir? O budismo sugeriria que você buscasse uma compreensão mais profunda dos Cinco Preceitos. Quanto mais você compreender esses princípios, maior será a probabilidade de agir para aliviar o sofrimento dos outros, porque você descobre que seu sofrimento está inextricavelmente ligado aos deles.

Essa experiência e os *insights* que esta proporciona da natureza do sofrimento, do apego e das respostas éticas não precisam limitar-se ao âmbito individual – podem (e, esperamos, irão) repercutir na organização.

Valores e declarações éticas corporativas

Articular um sistema de valores de uma organização não é uma tarefa simples. Não é raro um de meus clientes solicitar um retiro de dois ou três dias para facilitar uma discussão que ajude a organização dele a esclarecer seus valores. Quase sempre, o processo não se completa nesse curto período de tempo, pois há muitas questões não resolvidas. Muitas ideias importantes não são comunicadas e a ligação entre os valores pessoais e corporativos não é totalmente explorada.

Como em geral os retiros são realizados em bons tempos econômicos, o resultado do retiro será um documento que infelizmente não terá nenhuma relação com o que a declaração de valores poderia parecer se a licença tivesse acontecido em maus tempos econômicos. Muitas vezes, as boas intenções que sustentam os valores corporativos e os princípios orientadores são atiradas ao vento quando se apresentam oportunidades inesperadas ou quando a lucratividade está em questão. Esse ato de "atirar ao vento" os supostos princípios da corporação torna-se, então, o valor essencial real.

As declarações de valores preparadas por corporações não eram tão populares há 25 ou 30 anos (embora houvesse algumas notáveis exceções como o credo da Johnson & Johnson, mencionado no Capítulo 2). Afinal, por que publicar algo que pudesse restringir nossas opções de negócios no futuro?

Mas os tempos mudaram (como tudo) e a maioria das importantes corporações nacionais e transnacionais agora publica Declarações de Valores e/ou Missão. Esses documentos descrevem, em termos amplos, a visão, a missão e os objetivos empresariais ("ser o fabricante líder de produtos de qualidade na América do Norte") e os valores e princípios orientadores que devem ser seguidos para alcançá-los ("maximizar o retorno dos acionistas", "nosso cliente é o condutor", "tecnologias de ponta", "tratamos os trabalhadores com respeito", e assim por diante).

> Em um recente artigo no *Hsi Lai Journal of Humanistic Buddhism*, dr. Otto Chang sugere os 12 seguintes princípios éticos a partir dos quais um conjunto universal de ética nos negócios pode ser elaborado:
>
> • As empresas devem obedecer a todas as leis na comunidade internacional e às diretrizes de diversos governos, internos e externos.
>
> • As empresas devem respeitar todas as pessoas e culturas que encontrarem ao executar suas operações.
>
> • As empresas devem alinhar sua missão e seus objetivos com suas responsabilidades sociais de melhorar a civilização humana e planejar suas estratégias de modo compatível, para promover a educação, a moralidade e o bem-estar social.
>
> • As empresas devem adotar uma tecnologia amigável ao meio ambiente e menos prejudicial a seres humanos e animais.
>
> • As empresas devem produzir bens seguros para o consumo e divulgar todos os riscos potenciais da utilização dos produtos.
>
> • As empresas devem usar seus recursos econômicos com eficiência e reciclar quaisquer materiais reutilizáveis para poupar os recursos naturais.
>
> • As empresas devem tratar seus trabalhadores com respeito, dar-lhes o poder de decisão, recompensá-los adequadamente e ajudá-los a alcançar seus objetivos profissionais e pessoais.
>
> • As empresas devem proporcionar um ambiente de trabalho livre de qualquer tipo de discriminação e/ou assédio.
>
> • As empresas devem estabelecer estruturas e processos de controle corporativo para assegurar que o interesse de todos os interessados não seja infringido pela administração.

> • As empresas não devem usar estratégias de exploração para esgotar os recursos de outros países nem medidas de monopólio para eliminar a concorrência.
> • As empresas não devem se envolver em propaganda falsa e estratégias agressivas de marketing prejudiciais à sociedade.
> • As empresas devem investir no capital humano e econômico e realizar pesquisas e projetos de desenvolvimento para promover a produtividade, a tecnologia e o conhecimento humano. (*Reproduzido com permissão.*)

Se quisermos que a mensagem inerente a esses valores seja significativa, formando a base para a direção de decisões estratégicas, precisará ser uma expressão da compreensão holística. As corporações baseiam-se em muito mais do que apenas números. Precisam de criatividade e inovação. A essência desses tipos de valores torna-se aquilo a que a companhia irá se agarrar em bons e maus tempos. É o desempenho ético da companhia (isto é, não financeiro) nos maus tempos que separa uma Declaração de Valores realista e adequada daquela que é apenas um exercício de relações públicas ou um *slogan* de marketing.

A maioria das atuais organizações progressivamente atentas cria um conjunto de comportamentos orientadores para cada um de seus valores. Esses comportamentos orientadores permitem que todos os envolvidos, especialmente líderes e trabalhadores, saibam o que é aceitável e o que é inaceitável para *viver* a Declaração de Valores. Os comportamentos orientadores corporativamente desenvolvidos refletem os valores dessa organização específica. Os Oito Princípios Orientadores de Buddha podem ser considerados universais para indivíduos e corporações que desejam Não Causar Danos.

Essa distinção entre os valores específicos corporativos flexíveis da companhia e as verdades invioláveis do Nobre Caminho Óctuplo é importante. Em minha experiência profissional, o exercício para desenvolver comportamentos orientadores recebe críticas confusas. Embora possa haver boas intenções no início, os maus tempos econômicos têm o efeito de focalizar a atenção dos líderes em um único número – o resultado financeiro. O exercício dos valores, importante como é, infelizmente cria raízes em poucos casos, uma vez que os valores são regularmente anulados por circunstâncias imprevistas e à medida que novos diretores executivos introduzem políticas diferentes. Quando a situação fica ruim, uma declaração de lucro e perda quase sempre tem prioridade sobre uma declaração de valores. Essa traição da declaração de valores em geral é acompanhada de uma boa dose de racionalização, dessa forma remodelando a realidade ética da companhia. Como a atual iteração do capitalismo está unicamente focalizada no lucro, seria ingênuo esperar uma resposta diferente.

Conhecemos os valores de uma pessoa ou companhia pelas ações que realizam em nome de suas crenças – não pelas Declarações de Valores e Missão embaladas de forma atraente e anunciadas nos bastidores executivos e *lobbies* corporativos. É aí que está o principal problema dos valores. Os valores corporativos não têm sentido a menos que as pessoas que *são* a corporação os apliquem.

Somos nós, como indivíduos, e não a entidade legal chamada corporação, que precisamos ter a capacidade e a responsabilidade para o comportamento ético. Os valores, bem como viver os valores, realmente contam.

"A intenção é tudo; o restante é consequência."

Provérbio budista

10
A ORGANIZAÇÃO SAUDÁVEL

Algumas das práticas e comportamentos das corporações modernas que as tornam, na visão budista do mundo, organizações doentes, foram descritos no Capítulo 2. Quero voltar a esse rótulo – "doente" – e reconsiderá-lo à luz dos comportamentos corretos dos Princípios Orientadores do Nobre Caminho Óctuplo.

Faremos isso examinando um grupo específico de membros de organizações – os trabalhadores. Além disso, consideraremos organizações de ambos os lados das relações industriais ocidentais – administração e sindicatos. Após 30 anos lidando com companhias e questões relacionadas à sindicalização, presenciei muitos comportamentos incorretos de ambos os lados.

A importante lição a ser aprendida dessa discussão é o valor da *autorresponsabilidade*. As organizações saudáveis criam esse clima para seus trabalhadores. E isso significa mais do que dar escolha aos trabalhadores no local de trabalho (escolha em processos de trabalho, planejamento etc.); requer a posse de nossas responsabilidades e as consequências de nossas escolhas.

Meio de vida correto no local de trabalho

É lastimável que, como líderes empresariais, tanto intencional quanto involuntariamente, peçamos que os trabalhadores desistam de muitas de suas escolhas e da direção pessoal de suas intenções. Parece fazer parte do pacote chamado "ser um trabalhador": ao entrar pela porta, controle seus valores – e, em muitos casos (particularmente em empregos na linha de produção), também sua mente.

De um lado, os líderes sabem que não podem fazer tudo sozinhos e, de outro, querem que os trabalhadores façam aquilo que é mandado. Isso cria uma situação sem saída para os trabalhadores. Se eles fazem o que lhes mandam fazer, parecem mostrar pouca ou nenhuma iniciativa para realizar seu trabalho de maneira mais eficiente e inovadora. Quando os funcionários veem o quadro como um todo e, por iniciativa própria, buscam melhores maneiras de atingir seus objetivos profissionais, com frequência são caracterizados como "livres pensadores" ou, pior, causadores de confusão indisciplinados. Estes são exemplos de percepções doentias de liderança que inevitavelmente provocam danos a muitas partes envolvidas.

Práticas administrativas como essas mudam em organizações que veem o Princípio Orientador do Meio de Vida Correto como o caminho a ser seguido. Para desenvolver uma cultura que a sustente, uma organização precisa reavaliar suas relações com os trabalhadores em comparação com os critérios estabelecidos por todos os Oito Princípios Orientadores. Não fazer isso fará a administração retornar às crenças tradicionais: "uma justa remuneração diária por um justo dia de trabalho" ou à visão de que os trabalhadores são descartáveis e podem ser excluídos de acordo com os caprichos do empregador, como simples meios para atingir um objetivo.

Nesse ambiente, os líderes desejarão oferecer aos trabalhadores a oportunidade de ser criativos e pensar nos problemas de diferentes perspectivas. A criatividade e o subsequente compromisso que esta traz são qualidades que com frequência fazem a diferença entre organizações bem-sucedidas e malsucedidas. Se a obediência é o resultado de seguir ordens e a criatividade é o resultado da liberdade de pensamento, só alcançaremos nosso valor universal de Não Causar Danos com a criatividade. Para que um empregador apoie esse Princípio Orientador, a organização precisará criar e estimular uma cultura que encoraje e dê poderes a indivíduos e grupos para descobrir as causas do sofrimento e, então, trabalhar para diminui-las e eliminá-las.

Isso significa que há uma ligação direta entre a maneira como um empregador planejou um trabalho e a maneira como um trabalhador continua fazendo esse trabalho. Quanto mais simples e rotineira for uma tarefa ou um conjunto de tarefas, menos o indivíduo poderá envolver-se criativamente com seu trabalho. Isso não somente cria um ambiente de trabalho insalubre, mas também desperdiça completamente a oportunidade de os indivíduos crescerem como seres humanos enquanto atuam em níveis de potencial mais elevados.

A oportunidade apresentada pelo Meio de Vida Correto é a da autodescoberta para todos os trabalhadores, que pode substituir o trabalho penoso pela inovação e acrescentar valores a nossa jornada na vida. Esta cria uma oportunidade para que os trabalhadores descubram a própria sabedoria e compaixão. Isso é Não Causar Danos no local de trabalho.

Em um local de trabalho orientado por intenções positivas voltadas para o Não Causar Danos, encontraremos uma cultura voltada para as pessoas, um ambiente guiado pelos valores e relacionamentos e trabalhadores que acreditam estar em um ambiente de apoio em que suas competências, capacidades e compromisso são respeitados, encorajados e valorizados.

Quando os empregadores decidem não seguir esse caminho, a organização adoece. Haverá uma grande rotatividade de pessoal, os melhores funcionários continuarão deixando a empresa, haverá uma exigência cada vez maior por mais lucro e o senso de mediocridade prevalecerá. A abordagem tradicional que tenta acalmar tudo e controlar o prejuízo com dinheiro não funciona. Esses são quebra-galhos e não soluções sólidas baseadas em valores morais.

Contudo, a motivação do empregador para mudar esse paradigma não deve ser simplesmente obter uma força de trabalho mais produtiva. *Se as intenções do empregador estão voltadas apenas para a produtividade, então ele está agindo de maneira incorreta e, no final, causará danos.*

Iniciamos este capítulo com o axioma budista de que a intenção é tudo e o restante é consequência. Traduzido para o local de trabalho, isso significa que a relação bilateral de trabalho baseia-se nas intenções. Quanto mais positivas forem as intenções de ambas as partes, mais forte será o relacionamento. Um relacionamento forte é caracterizado por respeito mútuo e compromisso de realizar o trabalho da melhor maneira possível. Isso significa que ambas as partes compreendem que:

- o trabalho não é um acordo vitalício (a não ser que ambas as partes concordem com isso enquanto o tempo passa);

- a mobilidade ascendente não é garantida nem é considerada a principal questão (ao contrário, a principal questão são os valores positivos harmonizados);
- os estilos de liderança baseados no paternalismo (que, na realidade, é um comportamento autocrático suavizado) nunca levam ao crescimento e desenvolvimento pessoais.

Os trabalhadores, acredito, adotarão ações positivas com a condição de que os líderes sejam justos, honestos e sinceros com relação a seu apoio ao valor de Não Causar Danos. Uma vez que esse valor seja claramente comunicado, deve ficar evidente que se aplica aos trabalhadores da mesma forma que a todas as outras partes interessadas. Para demonstrar essa integridade, os líderes terão de mudar as crenças com relação a seus papéis e responsabilidades, as atitudes com os trabalhadores e a maneira como a administração cria e planeja o trabalho.

O trabalho pode ser uma atividade libertadora se os líderes criarem uma cultura de autoconsciência e crescimento pessoal. O trabalho libertador não depende do papel nem das responsabilidades de alguém; depende da maneira como cada trabalhador vê o ato de trabalhar. Quanto mais nós, como indivíduos, nos sentirmos separados do trabalho, mais persistirão os sentimentos de insegurança e descontentamento. É muito difícil desistir de apegos negativos quando se trabalha em um ambiente doentio.

> "Está abaixo da dignidade humana perder a individualidade e tornar-se uma mera engrenagem dentro da máquina."
> *Mahatma Gandhi*

À luz da ideia budista de que *a maneira como o lucro é obtido é mais importante que o lucro em si*, é responsabilidade de qualquer líder ver seu papel como o de treinador, mentor e facilitador. O líder sábio e compassivo é quem pode ajudar os trabalhadores a enxergar que, não importa o que estejam fazendo agora, este momento não é de descontentamento, e sim de realização – pois este é o único momento da realidade.

De uma perspectiva budista, as cinco características da confiança de Robert Rosen (ver quadro na página 156) são os componentes que formam um líder sábio. Podemos criar um ambiente em que o Meio de Vida Correto irá florescer assim que ganharmos a confiança dos trabalhadores e a usarmos com intenções positivas. Os trabalhadores querem mais compreensão, compaixão e oportunidades de desenvolvimento no trabalho, bem como atitudes e comportamentos mais evoluídos de todos os líderes (veja no quadro a seguir um exemplo de caminho em direção a esse objetivo).

> Uma "carta de direitos do trabalhador" provavelmente incluiria o seguinte:
> - Respeite nossas crenças.
> - Respeite nossa diversidade.
> - Respeite nossa necessidade de nos envolver.
> - Respeite nossa necessidade de habilidade e desenvolvimento pessoal.
> - Respeite-nos holisticamente como seres espirituais.
> - Respeite-nos mostrando uma liderança baseada na confiança, na sabedoria e na compaixão.

Sindicatos e autorresponsabilidade

Como consultor, eu argumentaria que, na atualidade, os sindicatos existem principalmente pelas decisões e ações incorretas de líderes corporativos. A *raison d'être* dos sindicatos é melhorar salários, benefícios e condições de trabalho de seus integrantes. Seria possível dizer, sem ir longe demais, que são as consequências do karma negativo como resultado da ganância corporativa. As práticas de trabalho prejudiciais e egoístas, resultantes das intenções incorretas, levam a relações negativas com os sindicatos. Um líder correto, no entanto, usando práticas de recursos humanos fundamentadas nos valores daquilo que em algum outro lugar chamei de Relações Positivas com o Trabalhador, provavelmente receberia muito mais *feedback* positivo do grupo de trabalhadores – talvez a ponto de os trabalhadores decidirem que não precisam de um sindicato para representar seus interesses.

No passado, os sindicatos eram a única fonte de educação relacionada às profissões. As guildas da Europa medieval desempenhavam, pelo menos conceitualmente, função semelhante à dos atuais programas de aprendizagem e conselhos comunitários. Historicamente, os sindicatos tiveram uma influência significativa sobre o que constituía uma profissão e como os indivíduos, principalmente por meio da aprendizagem, aprendiam essa profissão. Desde o início da Revolução Industrial, o movimento dos sindicatos lutou para defender os trabalhadores das fábricas, com frequência imigrantes, contra as longas jornadas, as terríveis condições de trabalho e o salário miserável. Apesar dessas origens, atualmente os sindicatos são tão suscetíveis a intenções negativas quanto qualquer outra organização. Como os líderes de qualquer organização, os líderes sindicais são capazes de intenções, ações e comportamentos incorretos.

Os sindicatos como um todo sofrem dos mesmos apegos daqueles que os criam e os administram. Como uma corporação, um sindicato opera dentro do sistema de livre-iniciativa e está propenso a estimular excessos – os Três Venenos da ganância, da aversão e da ignorância –, assim como o capitalismo irrestrito. Um sindicato, como uma corporação, está interessado nos resultados financeiros. A realidade é que os sindicatos, assim como as corporações, são entidades legais – eles elaboram contratos, podem ser processados e iniciar ações legais –, mas os valores deles são os das pessoas que o criaram ou o controlam.

> Em *The healthy company*, Robert Rosen argumenta que a confiança pode ser dividida em cinco características:
> • *Credibilidade*: a qualidade e capacidade de compreensão da lalavra do líder.
> • *Confiabilidade*: fazer o que você disse que faria (sem exceção, a não ser explicando claramente o porquê; não fazer isso leva à indiferença).
> • *Previsibilidade*: ser coerente ao assegurar a comunicação aberta e compreender a ideia de que os trabalhadores, assim como os líderes, não gostam de surpresas.
> • *Valorizar o bem comum*: demonstrar a habilidade para deixar de lado o interesse próprio para o bem da equipe, do cliente etc.
> • *Segurança emocional*: valorizar a saúde de todos (física e emocional), a autoimagem e os sistemas de crença com compaixão e sabedoria.

Os sindicatos vendem seus serviços aos trabalhadores e, então, agem em nome deles para negociar termos e condições trabalhistas com o empregador. Em mais de 30 anos de experiência em recursos humanos, internamente e como consultor, eu nunca encontrei um sindicalista que não considerasse seu sindicato como algo que não um paradigma de democracia. O sindicalista diria que desde o início do processo de organização, na negociação e assinatura de um acordo coletivo e depois trabalhando para proteger os direitos dos trabalhadores de acordo com os termos e condições do contrato, toda parte do processo está aberta ao público (ou pelo menos à disposição para a verificação dos membros) e todas as decisões importantes são tomadas com a aprovação dos associados. Rapidamente, poderíamos ser levados a acreditar que os sindicatos *só* existem para proteger os direitos de seus associados.

Minha percepção da realidade das relações de trabalho é um pouco diferente. Os líderes sindicalistas não são mais nem menos éticos que seus colegas corporativos. Ao considerarmos a retórica do idealismo sindicalista, precisamos nos lembrar das taxas (e algumas vezes das multas) que são deduzidas dos salários de seus membros todo ano. Os sindicatos estão no negócio dos negócios e suas decisões não são necessariamente motivadas pela benevolência nem pela integridade. (Os sindicalistas podem não estar totalmente conscientes disso nem sofrer com a própria ilusão com relação aos papéis que os sindicatos desempenham na relação trabalhador-empregador.)

Considere por um instante uma perspectiva diferente sobre os sindicatos, uma perspectiva que considera a autorresponsabilidade o ponto de partida. A autorresponsabilidade é um componente significativo da mensagem de Buddha. Compreendendo nossos anseios – desejos que surgem da interpretação de nossos sentimentos, pensamentos e intenções (conscientes ou inconscientes) – e a maneira como influenciam nossas intenções, começamos a assumir a responsabilidade por nossas ações, comportamentos e sofrimento.

Dessa perspectiva, deve estar claro que ninguém pode delegar a um prestador de serviço sua responsabilidade pessoal de ser ético e ainda achar que está assumindo a autorresponsabilidade. Um agente pessoal não pode seguir e aplicar os Princípios Orientadores para qualquer benefício individual. É uma ilusão presumir que um sindicato pode ser um substituto para nossa perseverança em nos manter no Caminho do Meio.

Ao filiar-se a um sindicato, um trabalhador não precisa necessariamente aprender a autorresponsabilidade com o objetivo de se tornar mais responsável pelas próprias intenções e ações, para subsequentemente deixar o sindicato como uma pessoa mais sábia e compassiva. Os sindicatos prosperam com os problemas de seus membros. Se não houvesse problemas para resolver, não haveria necessidade de um sindicato. Os métodos utilizados pelos sindicatos para resolver problemas são elaborados em parte para ganhar mais credibilidade perante os membros e demonstrar para a administração que eles têm uma base cada vez maior de poder e influência. Ser membro de um sindicato é ser um consumidor e nenhuma empresa deseja vender seus serviços e nunca mais ver seus clientes.

Para falar um pouco mais disso, se um membro do sindicato quiser deixá-lo, provavelmente perderá o emprego. A maioria dos acordos coletivos abrange todos os trabalhadores em uma determinada organização trabalhista e se alguém desistir do sindicato não poderá continuar empregado como um trabalhador não sindicalizado. Os sindicatos claramente não prosperam ensinando a autorresponsabilidade a seus membros. Permitem que os membros tenham a escolha democrática de deixá-los, mas não a de se tornarem trabalhadores não sindicalizados com o mesmo empregador. Na realidade, quanto mais os indivíduos aprenderem a depender de um sindicato para resolver os próprios problemas, mais forte o sindicato se tornará e mais fraca será a determinação dos trabalhadores.

Em razão do ambiente da livre-iniciativa amplamente ilimitado em que as corporações realizam seus negócios, é inconcebível a ideia de que os sindicatos mudarão unilateralmente suas estratégias. A história de relações industriais não é a da corporação nem a do sindicato. É a história de como os dois *interagiram*. Com muita frequência, essa interação é o resultado de intenções incorretas (e subsequentes ações e comportamentos incorretos) de ambos os lados. A natureza competitiva e inerentemente antagônica da cultura ocidental apenas produzirá mais da mesma coisa. Com frequência, as relações entre o sindicato e a administração resumem a definição de sofrimento de Buddha, causada pelos apegos.

Enquanto as corporações tratarem seus trabalhadores como algo descartável, os sindicatos não terão nenhum incentivo para buscar sistemas de valores alternativos para seu movimento. Igualmente, enquanto os sindicatos, supostamente visando ao interesse de seus membros, causarem sofrimento para as corporações, os empregadores não terão nenhum incentivo para buscar outros sistemas de valores. Sindicatos e corporações estão juntos nesse ponto decisivo. Suas respectivas estratégias e táticas são uma expressão do mesmo sistema em que ambos atuam. A justificativa econômica tanto para sindicatos quanto para corporações é a motivação do lucro.

O modelo de relações industriais na América do Norte baseia-se em um sistema antagônico que tem a divisão no local de trabalho como uma de suas principais opções estratégicas. Uma greve ou greve patronal é o último passo no processo, aquele que mostra que as negociações e, algumas vezes, a postura política não resultaram em uma solução aceita por ambas as partes. Apesar de seu *status* de "último recurso", vale a pena notar que, historicamente, raras vezes o resultado das greves foi a recuperação do rendimento perdido dos membros dos sindicatos.

Ao buscarmos alternativas para solucionar discordâncias entre os trabalhadores e a administração, precisamos ver esse relacionamento de uma perspectiva diferente. Um relacionamento fundamentado na cooperação necessariamente não teria a opção de greve/greve patronal como o último estágio ou mesmo alternativa. Se as forças impulsoras da ganância e da aversão fossem eliminadas, empresas e líderes sindicalistas seriam capazes de se envolver em um discurso totalmente novo. Se os Princípios Orientadores do Nobre Caminho Óctuplo servissem de base para as práticas de relações industriais entre sindicatos e administração, métodos criativos e alternativos para a solução de problemas se apresentariam para ambas as partes. (Na realidade, se os Princípios Orientadores estivessem sendo utilizados conforme recomendou Buddha, os trabalhadores não precisariam de um sindicato para representá-los, em primeiro lugar.)

Atuar em um ambiente antagônico significa que, desde o início, ambas as partes reconhecem que suas negociações terão um vencedor e um perdedor. Palavras como *adversário, ameaça, divisão* e *força* são o tipo de discurso atualmente aceito nas relações entre sindicatos e administração. Deveria estar claro como a mensagem de Buddha sobre causar sofrimento – o mal causado pelas intenções negativas, o karma da má vontade que provoca sofrimento – caracteriza as relações entre as partes. Esse sofrimento com frequência é mantido por momentos de ação e de fala incorretas, bem como pelo comportamento antiético.

Será que os Princípios Orientadores poderiam ser a base para um sindicato? Acredito que a resposta a essa pergunta esteja mais na natureza irrestrita de nosso sistema de livre-iniciativa que na natureza dos sindicatos. *Se acionistas e investidores, como você e eu, elevassem a importância de Criar uma Sociedade Melhor a uma posição de igualdade com o lucro, então nós naturalmente começaríamos a mudar o modelo de livre-iniciativa.* Pessoas e lucros receberão uma classificação igual nas declarações financeiras corporativas. Ao evoluir em direção a uma "sociedade mais justa", o sofrimento causado pelas corporações aos trabalhadores diminuirá dramaticamente. Quando o bem-estar das pessoas e da sociedade se tornar uma prioridade, os sindicatos também serão estimulados e capazes de atuar com um sistema de valores diferente. Então, poderíamos fazer a seguinte pergunta: "Os sindicatos ainda são necessários?"

Contratação saudável

Embora os trabalhadores claramente não "pertençam" ao empregador, as companhias podem se referir a eles como "bens", para sugerir que são verdadeiramente valorizados. Mas essa linguagem também pode refletir uma abordagem paternalista que tem brilho, porém pouca substância.

Acredito que um modelo administrativo que presume que pessoas são bens é fundamentalmente falho. As pessoas *associam-se* às organizações para satisfazer as necessidades de ambas. A contratação é um relacionamento bilateral entre pessoas desempenhando diferentes papéis. Desde a época de Adam Smith e das origens do capitalismo moderno, a intenção é que esse fosse um relacionamento mutuamente benéfico.

Mas, quando as duas necessidades – candidato/parceiro e empregador – se unem, infelizmente, na maioria das vezes, o relacionamento *não* se baseia nem no respeito, nem na confiança, nem na compaixão. A partir do momento em que a decisão de contratação é tomada, em geral o empregador tem cerca de 80% da informação disponível, enquanto o futuro trabalhador, apenas 20%. Como um candidato poderia fazer uma consulta de referência a respeito de seu futuro gerente, sem falar em obter uma cópia do currículo do gerente? Esse é um modo estranho de começar um relacionamento baseado no respeito e confiança mútuos.

Valorizar um parceiro implica a disposição do empregador para reconhecer que o trabalhador precisa de informações semelhantes para tomar uma decisão de trabalho tendo tantas informações quanto ele. Apenas esse passo provocaria uma reviravolta nas atuais práticas de recursos humanos. O trabalhador seria, na realidade, e não apenas em palavras, um parceiro no relacionamento de trabalho.

É isso o que a aplicação da prática budista poderia trazer para a organização saudável.

Seção 4: Prescrição

Percorrendo o caminho

"A administração inteligente é uma maneira de levar a religião a sério, com profundidade e seriedade."

Abraham Maslow

11
AVALIANDO O SUCESSO:

A transição para a compaixão

Que todos nós precisamos trabalhar para suprir nossas necessidades de habitação, alimento, vestuário, cuidados com a saúde, educação etc., é uma realidade. Em um ambiente ideal, nossas escolhas no trabalho são influenciadas pelo menos por dois fatores críticos: primeiro, nossa capacidade para escolher com habilidade responsabilidades de trabalho que respeitem os Princípios Orientadores e os Cinco Preceitos; segundo, a disponibilidade de oportunidades de empregos fundamentados nesses Princípios e Preceitos.

Entretanto, como consultor, tenho visto a realidade predominante. Os trabalhadores especializados que trabalham dentro das limitações da livre-iniciativa *irrestrita* que prospera com a ganância e o excesso precisam, para satisfazer suas necessidades de um rendimento básico, aceitar tarefas automáticas em locais de trabalho cujos padrões éticos são, na melhor das hipóteses, indiferentes aos valores e que se orgulham apenas de satisfazer as exigências mínimas da legislação trabalhista. Depois que a sociedade começar a reconhecer, em termos humanos, o impacto negativo da livre-iniciativa *irrestrita* no bem-estar de indivíduos e comunidades, os líderes começarão a se sentir com poderes para habilidosamente modificar nosso sistema econômico em constante mudança. Na realidade, atualmente existem pessoas em posições executivas trabalhando para essas mudanças.

O movimento, que já tem uma década, conhecido como "Responsabilidade Social Corporativa" é, na verdade, uma tentativa de contribuir para o objetivo de Criar uma Sociedade Melhor.

Este capítulo trata do reconhecimento de que as jornadas individuais que empreendemos pelo caminho espiritual podem ter consequências profundas nos locais de trabalho que frequentamos. Embora seja uma jornada pessoal, suas lições podem ser concretizadas na vida profissional – e apresentarei alguns passos iniciais para iniciar essa jornada. Como líderes empresariais, podemos ajudar a criar locais de trabalho mais compassivos, ambientes cujo sucesso vá muito além dos resultados financeiros e o trabalho alegre, enriquecedor, não seja simplesmente um chavão pendurado na parede dos Recursos Humanos, mas a realidade de vida dos trabalhadores de toda a organização.

A mudança é nossa responsabilidade

Buddha argumentou que, para uma sociedade ser saudável, os indivíduos que nela vivem também precisam ser saudáveis. Assim, o bem-estar social é fundamentalmente um processo crescente. Por meio da compreensão de nós mesmos e de nosso bem-estar, podemos ajudar os outros. Governos e corporações, por exemplo, não podem nos tornar saudáveis, dar-nos *insight* ou nos ajudar a nos afastar dos Três Venenos. Somos nós que precisamos fazer isso sozinhos e, então, ajudar as pessoas mais próximas e depois outras e mais outras. (Contudo, contar com governos e/ou sistemas judiciários mais envolvidos na segurança física e emocional da sociedade – com relação a crimes, drogas ilícitas, comportamento não profissional etc. – seria uma iniciativa positiva.)

O objetivo do budismo é ver os indivíduos em paz com eles mesmos, livres de desejos e apegos e aceitando a natureza impermanente da existência – em outras palavras, livres do sofrimento. Esse "em paz" significa que os indivíduos são responsáveis por seu estado mental – não é responsabilidade de governos nem empregadores fazer isso acontecer –, embora, como mostra a história, essas instituições certamente podem influenciar esse crescimento, correta ou incorretamente.

Começamos a articular a visão de uma sociedade saudável ao aceitarmos a conduta ética e a compaixão, e não ganhando lucros maiores. Na verdade, à medida que a sabedoria que emana da Quarta Nobre

Verdade se torna mais amplamente compreendida, outros indivíduos podem escolher seguir esse Caminho. Essa definição de mudança social focalizada nas pessoas está enraizada na busca da paz interior e na igualdade dos indivíduos, e não na crença de que uma entidade externa pode provocar mudança. O primeiro passo para Criar uma Sociedade Melhor é reconhecer que *nós somos a mudança!*

Dinheiro e ética

Os ensinamentos de Buddha forçam-nos a incorporar a recém-descoberta consciência com relação a intenções, comportamento ético e compaixão em nossa vida profissional. Na realidade, a classe executiva, administrativa e profissional na sociedade ocidental constitui o grupo de consumidores mais abastado. Com seu poder de aquisição, estabelece agendas empresariais nacionais e globais. No sistema de livre-iniciativa, esse grupo determina a barreira ética. O mais influente entre eles reforça a livre-iniciativa irrestrita, coloca o consumismo acima de tudo e influencia tendências e tecnologias, de forma que os consumidores estão sempre comprando para acompanhá-las.

O dinheiro, seja qual for a moeda ou a denominação, é apenas um sistema para representar o valor do trabalho, o preço e o câmbio. A realidade é que o dinheiro não faz nada por iniciativa própria. O dinheiro por si só não tem nenhum valor; ele só tem o valor que concordamos em lhe dar. Como o dinheiro é o veículo para adquirir quase tudo, nós lhe atribuímos propriedades – seja a fonte da felicidade, seja um símbolo de *status* – que ele intrinsecamente não possui.

> O World Business Council for Sustainable Development define Responsabilidade Social Corporativa como "o compromisso contínuo da empresa de se comportar eticamente e contribuir para o desenvolvimento econômico, ao mesmo tempo melhorando a qualidade de vida da força de trabalho e de suas famílias, bem como da comunidade local e da sociedade como um todo". A delegação americana, em um encontro regional de 1999 do World Business Council em Detroit, onde 170 companhias internacionais estavam re-

> presentadas, acrescentou: "A Responsabilidade Social Corporativa é assumir responsabilidade pessoal por suas ações e pelo impacto que você tem na sociedade. Companhias e trabalhadores devem passar por uma transformação pessoal, reexaminar seus papéis, suas responsabilidades e aumentar o nível de responsabilidade".

O dinheiro não decide como é ganho, poupado, gasto nem investido. Ao contrário, estas são escolhas feitas por nós. Ser cuidadoso com o dinheiro é ser cuidadoso com nossas escolhas. Os problemas surgem, eu diria, quando o dinheiro se torna a *única* medida para o valor (ou a felicidade) em nossa sociedade. É ilusão acreditar que dinheiro seja felicidade ou, por falar nisso, que seja mais do que um meio de troca aceito.

Para sermos cuidadosos com nosso salário, nós precisamos examinar nossas intenções e as consequências de causa e efeito envolvidas em:

- Trabalho: para quem vou trabalhar e quais deveres vou aceitar?
- Despesas: quanto dinheiro vou gastar e com o quê?
- Economias: quanto e em que investirei dinheiro?
- Divisão: quanto darei (dinheiro, tempo) e com qual propósito?

Nenhuma dessas intenções está isenta da abrangência de nossas responsabilidades éticas e nenhuma é mais importante do que as outras. A interligação dessas quatro áreas se aplica independentemente de nosso papel – empregador, trabalhador ou consumidor.

Nosso papel na economia de consumo é um exemplo de como uma mudança tangível precisa começar no âmbito individual. Embora a decisão de como gastar ou investir nosso dinheiro seja muito importante, também é uma oportunidade. É uma chance de fazer escolhas individuais e também de influenciar escolhas corporativas. Seja no papel de acionista, seja no de consumidor, cada pessoa tem a oportunidade de realizar uma mudança nas práticas corporativas.

Doze passos para Não Causar Danos

As escolhas corretas, compassivas, asseguram que a mudança ocorrerá para melhor, que a ajuda é recebida onde se faz necessária e que as consequências negativas são evitadas e as positivas, estimuladas. Por meio de nossas escolhas, ações e nossos comportamentos, fundamentados em intenções positivas, podemos ajudar a Criar uma Sociedade Melhor.

> "Você precisa ser a mudança que deseja ver no mundo."
> *Mahatma Gandhi*

Entretanto, o ponto de partida são sempre as intenções de um líder. Os líderes terão pouca dificuldade para modificar o paradigma tradicional – de que os negócios estão relacionados a lucros e que o consumismo é o benefício prioritário – se acreditarem que existe igualdade entre pessoas e lucros. Ao reconhecerem que aliviar o sofrimento (independentemente de sua natureza) é a responsabilidade de cada pessoa e organização, os líderes podem transformar criativamente os ambientes de trabalho em locais em que a aprendizagem, o autodesenvolvimento e a autorresponsabilidade sejam sistematicamente estimulados e apoiados.

Quais são as ações necessárias aos empregadores para passar da livre-iniciativa *irrestrita* a um modelo mais humano de capitalismo? É ideal que o resultado final seja uma corporação cujos produtos e serviços suscitem mais alegria na vida das pessoas, melhorem a saúde de todos os seres sencientes e do meio ambiente e diminuam ativamente os problemas do sofrimento humano, como guerras e pobreza. Pela maneira como desempenha suas atividades, uma organização saudável estaria trabalhando para Criar uma Sociedade Melhor.

Os doze passos a seguir mostram como líderes e corporações podem adaptar seus valores e comportamentos para Não Causar Danos e Criar Sociedades Melhores dentro de sua esfera de influência.

1) Lembre líderes e trabalhadores para ficarem atentos à Lei de Causa e Efeito. Toda ação tem uma reação. As decisões empresariais têm consequências.

2) Não considere a busca da viabilidade financeira e do lucro a única motivação de uma empresa. A motivação paralela deve ser Criar uma Sociedade Melhor, em que a lucratividade e Não Causar Danos sejam igualmente valorizados. Soluções inovadoras para tornar isso realidade virão à tona quando a perspicácia, a boa vontade e os Princípios Orientadores forem combinados de maneira criativa e cooperativa.

> "O dinheiro leva ao egoísmo e irresistivelmente à sua utilização inadequada."
>
> *Albert Einstein*

3) Mude a direção do negócio se a visão futura ou a missão atual provocam sofrimento.

4) Não fabrique e/ou venda produtos nem ofereça serviços que causem danos. Isso viola o Princípio Orientador do Meio de Vida Correto.

5) Faça que a consulta e o consenso sejam a maneira aceita para liderar e administrar a organização. As decisões fundamentadas na autoridade ou no poder da posição não têm lugar na organização – são comportamentos autocráticos inaceitáveis, originados nos Três Venenos. Tudo o que concerne às relações no trabalho deve ser aberto e claro para que ambas as partes possam discutir e compreender.

6) Compreenda que nossas definições de autorresponsabilidade e responsabilidade corporativa são as mesmas.

7) Alinhe cada uma e todas as políticas, práticas e decisões de negócios com as intenções expressadas nas Quatro Nobres Verdades e nos Princípios Orientadores. (Por exemplo, conceda tempo e proporcione espaço adequado para meditação ou tranquila contemplação no local de trabalho. Isso permitiria uma pausa na jornada de trabalho para que os trabalhadores interessados focalizassem a mente, diminuíssem a confusão mental e trabalhassem na direção da tranquilidade.) Siga os Cinco Preceitos como critérios éticos.

> A Philip Morris, a maior companhia mundial de tabaco, é proprietária da Kraft Foods. Assim, toda vez que as pessoas compram produtos dessa marca, indiretamente estão apoiando a divisão de tabaco da companhia e, portanto, a indústria do tabaco. A Kraft Foods é parte tão primordial dos atuais esforços da Philip Morris para melhorar sua imagem pública que a companhia matriz aumentou em 1.712%, entre 1988 e 2000, os gastos com propaganda da imagem corporativa para ressaltar suas doações de caridade e a propriedade da Kraft. Esse aumento no orçamento foi para propaganda – não para filantropia nem doação corporativa.

8) Perceba que a resposta para mudar uma sociedade doente é o comportamento não violento.

9) Veja as diferenças entre as pessoas *somente* com base em seu desempenho profissional de acordo com padrões de desempenho aceitos. Isso contribui muito para libertar a corporação de todas as formas de violência – verbal, espiritual, psicológica, física ou sexual.

10) Devolva um quarto de todo lucro para a sociedade, de forma que as pessoas possam construir uma vida melhor para elas mesmas e, então, ajude outros indivíduos em sua jornada para uma maior autorresponsabilidade.

11) Passe mais tempo no local de trabalho colaborando com seus clientes do que competindo com outros fabricantes. Acrescente valor contribuindo para o bem-estar do cliente, em vez de estimular seus desejos ou ilusões.

12) Cultive a intenção de criar um papel para a indústria ou associações de classe (muitas das quais são realmente grupos lobistas), ou seja, Criar uma Sociedade Melhor. Eles se tornariam grupos de interesses especiais baseados na ética, trabalhando ativamente para alcançar os objetivos de Não Causar Danos.

> Avaliações detalhadas da postura ética de importantes corporações estão mais rapidamente disponíveis atualmente do que no passado. Muitos sites podem informar os consumidores a respeito do impacto de suas decisões de compra. Estes são apenas uma amostra:
> - Corp Watch (www.corpwatch.org).
> - Corporate Governance (www.corpgov.net).
> - Corporate Watch (www.corporatewatch.org.uk)
> - Ethical Consumer (www.ethicalconsumer.org).

O verdadeiro sucesso nos negócios ocorre quando se vivem e se aplicam os Princípios Orientadores e os Cinco Preceitos em nossas relações com clientes, vendedores e trabalhadores. Embora as pessoas possam ter se tornado apegadas ao materialismo e ao consumismo, por hábito ou por falta de entendimento, isso não é justificativa para que as corporações inconsequentemente ofereçam os produtos que estimulam esses comportamentos.

É fundamentalmente antiético oferecer chavões aos trabalhadores e clientes quando eles aprenderam (ou poderiam ser ensinados) a pensar e raciocinar por si mesmos. Deveríamos inovar e oferecer serviços e produtos que satisfaçam a mente, demonstrem compaixão e ofereçam paz interior, em vez de perpetuar a produção de produtos e serviços mais rápidos, maiores e mais barulhentos que entorpecem a mente.

Fabricantes e consumidores compartilham a responsabilidade de trabalhar para alcançar estados mentais éticos e livres. Não deveríamos fabricar produtos nem serviços tolos para um mercado que ainda não teve a oportunidade de ver outras opções mais significativas do mundo dos negócios. A economia budista trata do crescimento do indivíduo e, subsequentemente, da sociedade. É momento de examinar a corporação com base nesses conceitos.

Avaliando o sucesso 175

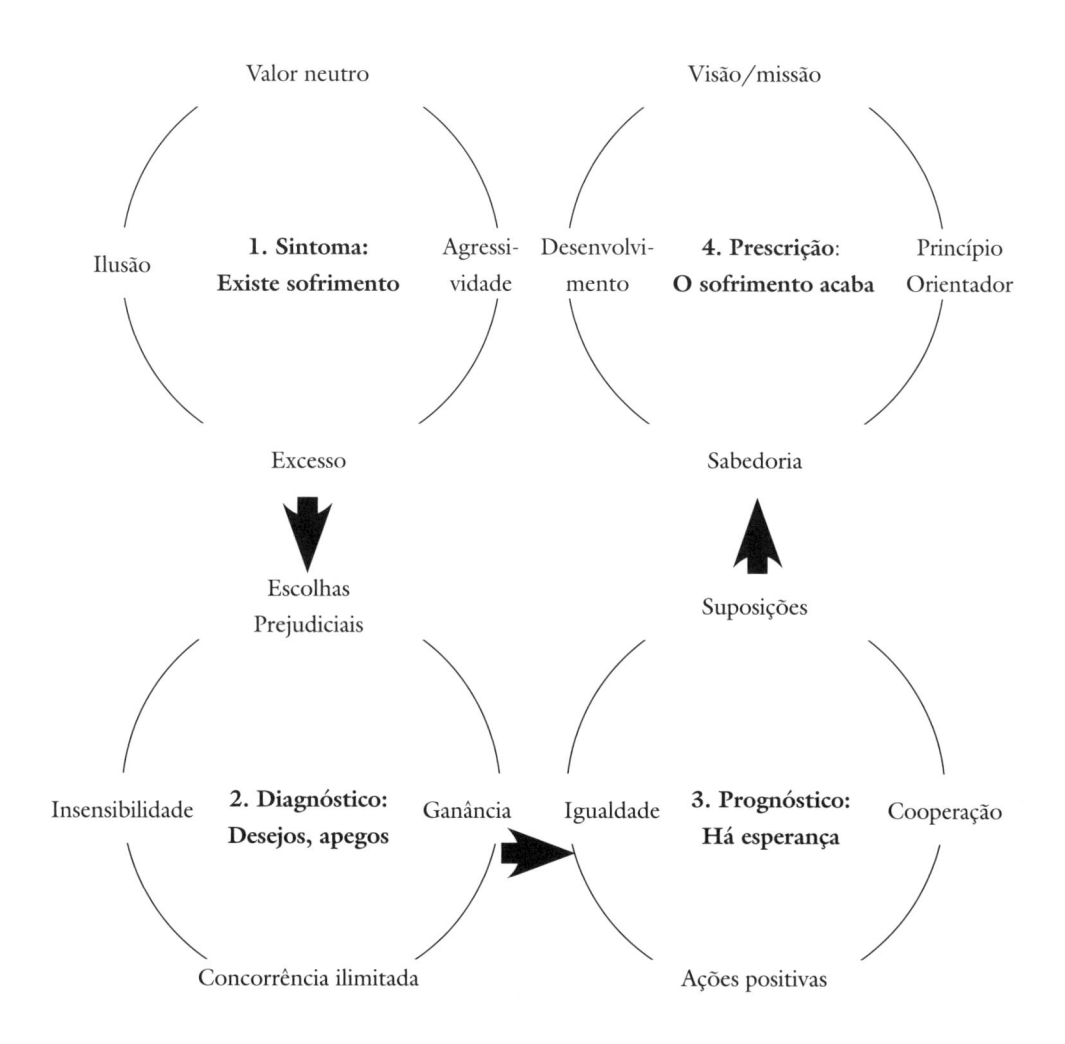

```
         Valor neutro                          Visão/missão

Ilusão    1. Sintoma:      Agressi-  Desenvolvi-  4. Prescrição:   Princípio
          Existe sofrimento  vidade    mento      O sofrimento acaba  Orientador

          Excesso                                Sabedoria
            ▼                                      ▲
          Escolhas                              Suposições
          Prejudiciais

Insensibilidade  2. Diagnóstico:  Ganância  Igualdade  3. Prognóstico:  Cooperação
                 Desejos, apegos        ▶                Há esperança

          Concorrência ilimitada                Ações positivas
```

Figura 11.1 – Sair-se bem fazendo o bem.

"Por não dar aos necessitados, a pobreza aumentou;
pela pobreza ter aumentado, o roubo aumentou;
pela disseminação do roubo, a violência cresceu rapidamente;
pelo crescimento da violência,
a destruição da vida se tornou comum;
pela frequência de assassinatos, o tempo de vida
e a beleza dos seres desapareceram."

Buddha

12
CONVIDE BUDDHA PARA SUA REUNIÃO DE DIRETORIA:

Mudando seu mundo, seu local de trabalho e a si mesmo

Há algum tempo, o honorável Lyonpo Jigmi Y Thinley, ministro de Assuntos Internos do Butão, no sul da Ásia, vem falando abertamente. Um homem de voz suave, bem-humorado, cuja mensagem objetiva atrai a atenção. O ministro Thinley cativa plateias no mundo inteiro com sua ideia de Felicidade Nacional Bruta (FNB). Esqueça os indicadores econômicos ocidentais tradicionais como PNB ou PIB, ele argumenta – a FNB é o melhor indicador de uma sociedade saudável. Em fóruns que vão desde um documentário de 2003 sobre um jogo de futebol entre a Birmânia e a nação caribenha de Montserrat até uma palestra de abertura em 2006 no World Human Resource Congress em Cingapura, o ministro Thinley articulou sua visão: devemos avaliar o sucesso e a saúde de uma nação determinando a felicidade emocional e o bem-estar de seu povo. Para mim, esta é uma mensagem de esperança.

Minha intenção ao escrever este livro é abrir nossos olhos individuais e coletivos para a dor e o sofrimento que estão ao redor, sem mencionar a dor interior. Meu desejo é estimular o valor Não Causar Danos e gerar um diálogo sobre Criar uma Sociedade Melhor.

Acredito, do fundo do coração, que tudo isso é possível.

Criar uma Sociedade Melhor não significa mais consumismo, e sim mais compaixão. Não significa mais riqueza para os ricos; significa solucionar de maneira criativa o problema devastador da pobreza. Nem significa que os ricos devam tornar-se mais pobres ou desprivilegiados; significa que nossa crença na justiça dos "ricos ficando mais ricos" precisa ser reexaminada.

Minha percepção da realidade – baseada em 40 anos de experiência em gestão de Recursos Humanos e no trabalho com centenas de diferentes organizações e milhares de empresários – grita para mim sobre o desequilíbrio entre os interesses humanos e econômicos.

Não podemos alterar esse desequilíbrio até encarar o fato de que a livre-iniciativa, em sua atual iteração, é um solo fértil para o excesso, a aversão e a ignorância. Não precisa ser assim, mas esse desequilíbrio é a realidade de hoje para muitos de nós que vivem em países em desenvolvimento, assim como para aqueles que vivem na pobreza. Esse é ainda um outro exemplo da Lei kármica de Causa e Efeito, que está sempre presente e raramente é valorizada no grupo executivo. Mas não se engane: não ter consciência da Lei de Causa e Efeito não altera seu impacto. Isso é verdadeiro para indivíduos e corporações, assim como para a sociedade como um todo.

O indivíduo compassivo

A grande maioria das pessoas que conheço acredita que pode fazer muito pouco para Criar uma Sociedade Melhor. Mas dentro de cada um de nós está a semente ou o potencial para iniciar e contribuir para a mudança social. Quando nós, como líderes ou indivíduos, escolhemos a raiva e a violência como soluções para problemas, modelamos esse comportamento (e as intenções que o sustentam) nos outros, que o consideram aceitável. Mas o contrário também é verdadeiro; se formos compassivos e atentos, estimularemos os outros a agir da mesma forma.

Cada um de nós carrega dentro de si muitas e diferentes sementes do karma do passado e das intenções e ações do presente, que representam nosso potencial para fazer ou não o bem. Dependendo de como vivemos nossa vida, diferentes sementes crescerão e florescerão.

Quando estamos em conflito, as sementes da raiva crescem e influenciam os pensamentos e intenções. Quando estamos calmos, atentos e em paz conosco – tanto no âmbito físico quanto no espiritual –, as sementes da felicidade e alegria florescem. Em uma escala maior, quanto mais aceitamos o espírito da livre-iniciativa *irrestrita*, mais nutrimos as sementes da negatividade. Essas sementes transformam-se em nossas piores capacidades.

Lembre-se de que, em algum lugar, existe um médico sábio e compassivo que vê nossa atual cultura como um paciente aflito. Qual é o sintoma? Nosso sofrimento. A causa ou diagnóstico? Nossos apegos e desejos por mais. Contudo, o prognóstico nos diz que há esperança, e parte da prescrição é o acréscimo de valores humanos – os Oito Princípios Orientadores – ao capitalismo ocidental.

Adaptei o modelo desenvolvido pelo dr. A. T. Ariyaratne do Sarvodaya a nosso duplo objetivo de Não Causar Danos e Criar uma Sociedade Melhor. Os quatro gráficos seguintes ilustram esse modelo.

Sintoma: existe sofrimento. Este gráfico ilustra como a ação neutra de valores leva à agressividade, que, por sua vez, leva ao excesso e resulta em ilusão. Esclarece como a atual iteração do capitalismo *irrestrito* conduz ao sofrimento humano.

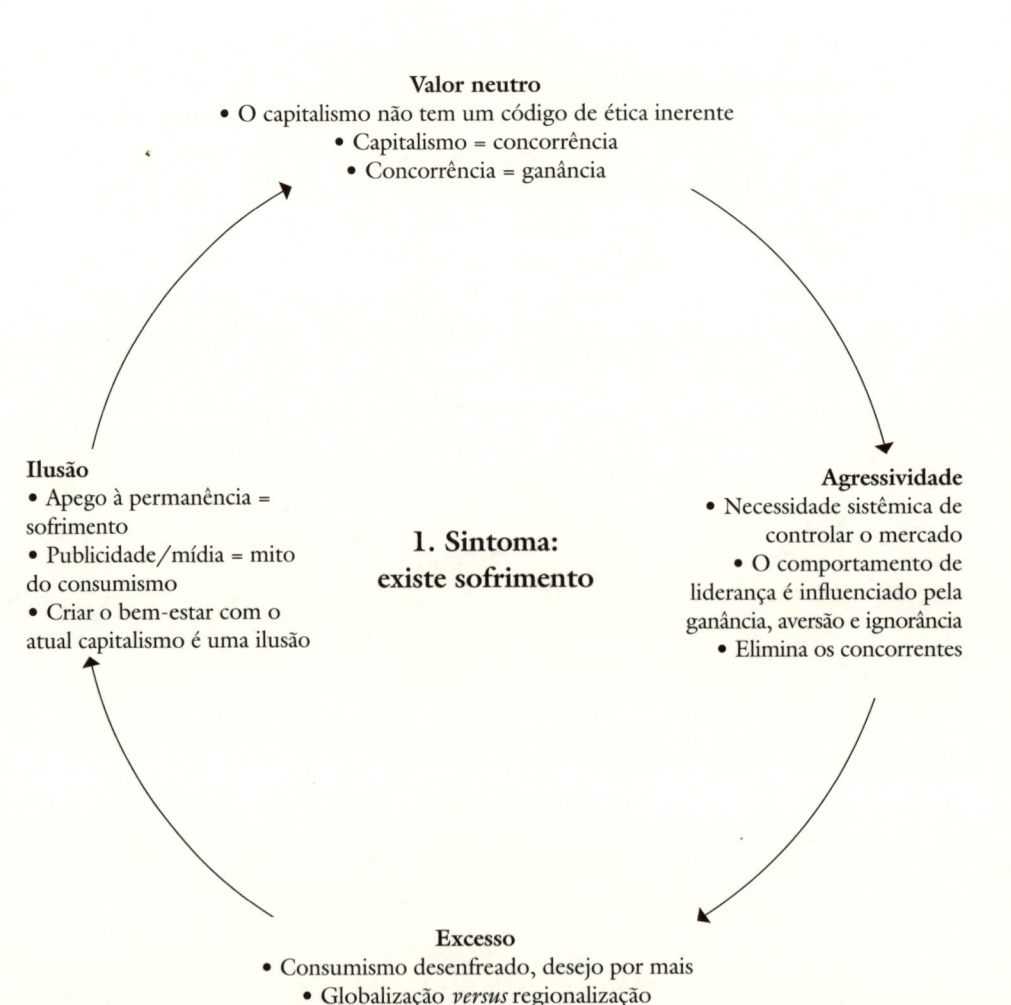

Valor neutro
- O capitalismo não tem um código de ética inerente
- Capitalismo = concorrência
- Concorrência = ganância

Agressividade
- Necessidade sistêmica de controlar o mercado
- O comportamento de liderança é influenciado pela ganância, aversão e ignorância
- Elimina os concorrentes

Excesso
- Consumismo desenfreado, desejo por mais
- Globalização *versus* regionalização
- Consumismo excessivo e desenvolvimento espiritual são incompatíveis

Ilusão
- Apego à permanência = sofrimento
- Publicidade/mídia = mito do consumismo
- Criar o bem-estar com o atual capitalismo é uma ilusão

1. Sintoma: existe sofrimento

Diagnóstico: desejos, apegos. Este gráfico ilustra como nossa incompreensão da permanência e as suposições prejudiciais levam aos apegos. As suposições prejudiciais iniciam um processo que leva ao fortalecimento da ganância e de suas consequências de competição e insensibilidade ilimitadas.

Suposições prejudiciais
- Ações corporativas não têm consequências
- A permanência existe
- A ganância, a aversão e a gratificação do ego são realidades corporativas aceitáveis

Insensibilidade
- Os trabalhadores são "descartáveis"
- Produção de qualquer bem que o cliente vai comprar, a não ser que sejam impostas questões legislativas ambientais e de saúde

2. Diagnóstico: desejos, apegos

Ganância
- Capitalismo significa consumismo, que significa que nunca há o suficiente
- Os líderes são obsessivos com relação à autoridade/ falta de confiança
- A ganância leva aos apegos = sofrimento

Concorrência ilimitada
- Vencer é o único valor que importa
- Competir antes de colaborar; lutar antes do consenso
- A ética e a moralidade são obstáculos

Prognóstico: há esperança. Este gráfico mostra o valor potencial de escolhas corretas. Aqui, compreendemos que a ganância ou o excesso é uma escolha e que tentar agarrar-se ao transitório também o é. Ao escolhermos Criar uma Sociedade Melhor, percebemos que a cooperação com todos os membros da comunidade exige ação positiva e resulta em dedicação e igualdade.

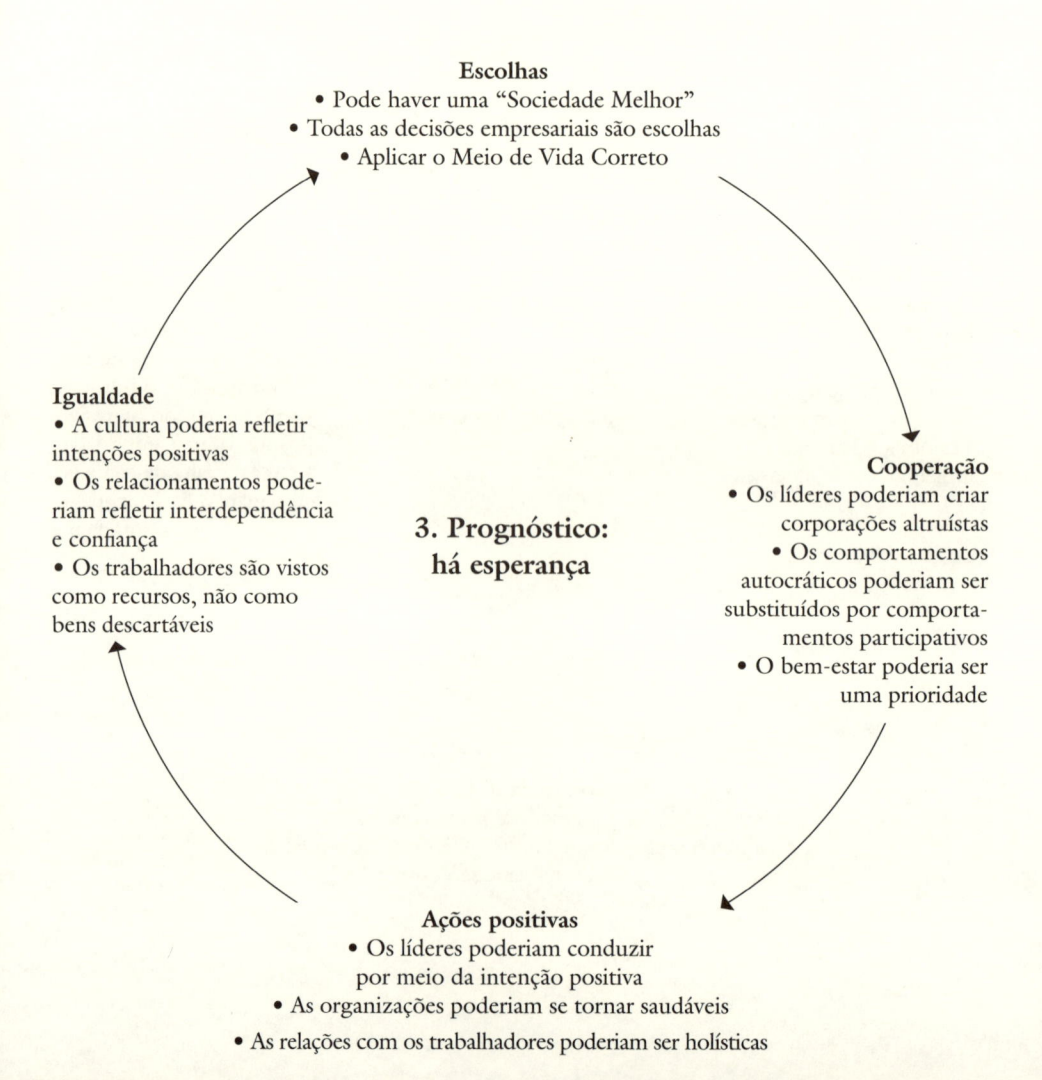

Escolhas
- Pode haver uma "Sociedade Melhor"
- Todas as decisões empresariais são escolhas
- Aplicar o Meio de Vida Correto

Cooperação
- Os líderes poderiam criar corporações altruístas
- Os comportamentos autocráticos poderiam ser substituídos por comportamentos participativos
- O bem-estar poderia ser uma prioridade

Ações positivas
- Os líderes poderiam conduzir por meio da intenção positiva
- As organizações poderiam se tornar saudáveis
- As relações com os trabalhadores poderiam ser holísticas

Igualdade
- A cultura poderia refletir intenções positivas
- Os relacionamentos poderiam refletir interdependência e confiança
- Os trabalhadores são vistos como recursos, não como bens descartáveis

3. Prognóstico: há esperança

Prescrição: como acabar com o sofrimento. Há um Caminho para sair de todos esses tipos de sofrimento humano. Ao reconhecermos que o capitalismo é impermanente e que o bem-estar humano está, no mínimo, no mesmo nível do lucro, a Prescrição é considerada válida e podemos acabar com o sofrimento. Começamos com intenções corretas que são articuladas como uma visão corporativa. Os Princípios Orientadores são a estrada para a compreensão ou a sabedoria que leva ao desenvolvimento espiritual – no final, à Iluminação – e liberta das garras do sofrimento.

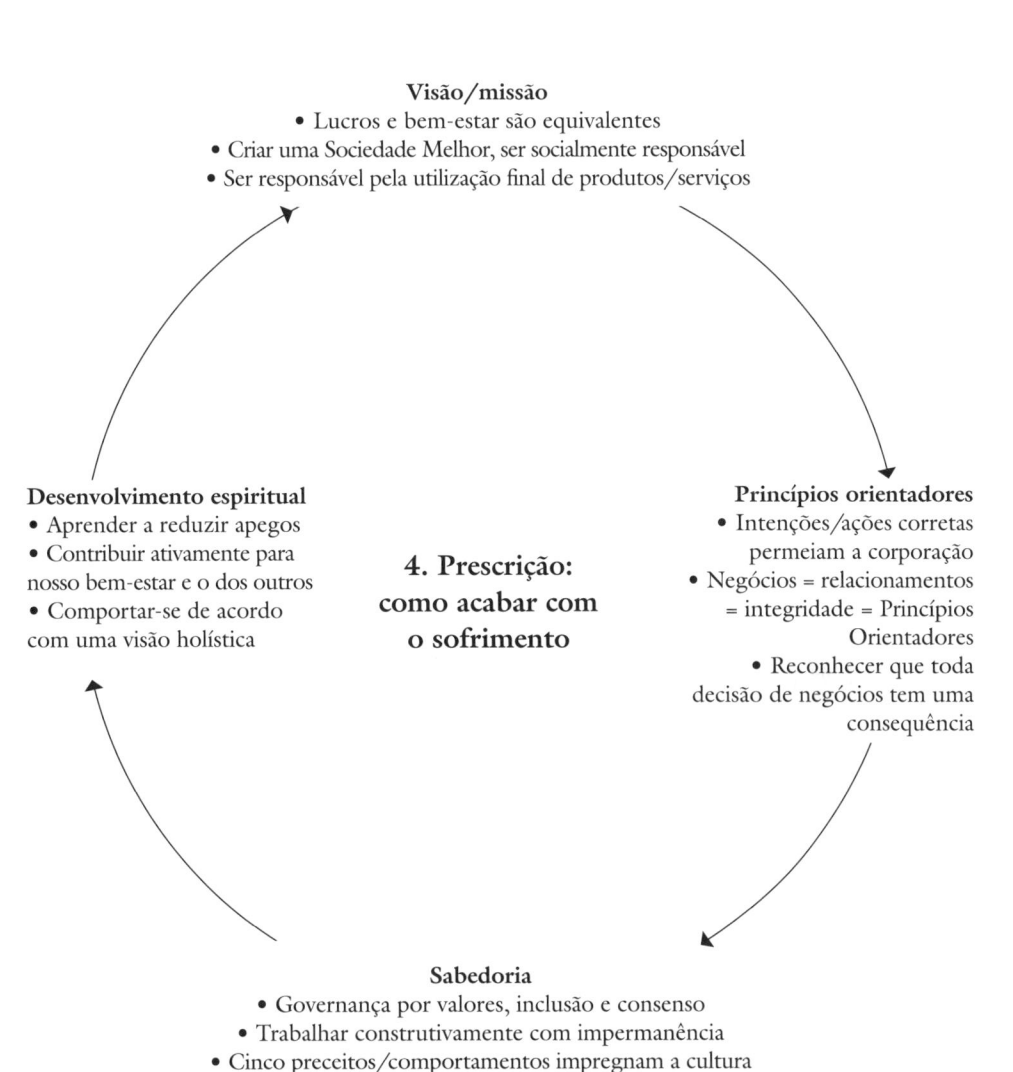

Visão/missão
- Lucros e bem-estar são equivalentes
- Criar uma Sociedade Melhor, ser socialmente responsável
- Ser responsável pela utilização final de produtos/serviços

Desenvolvimento espiritual
- Aprender a reduzir apegos
- Contribuir ativamente para nosso bem-estar e o dos outros
- Comportar-se de acordo com uma visão holística

4. Prescrição: como acabar com o sofrimento

Princípios orientadores
- Intenções/ações corretas permeiam a corporação
- Negócios = relacionamentos = integridade = Princípios Orientadores
- Reconhecer que toda decisão de negócios tem uma consequência

Sabedoria
- Governança por valores, inclusão e consenso
- Trabalhar construtivamente com impermanência
- Cinco preceitos/comportamentos impregnam a cultura corporativa

Naturalmente, não há nenhuma fórmula pronta sobre como Criar uma Sociedade Melhor. Mas o budismo mostra um caminho que pode nos levar ao Caminho do Meio – e espero tê-lo ajudado a valorizar esse caminho. Encorajo todos a entusiasticamente dar os primeiros passos nesse caminho, agarrar nossas esperanças e potenciais para adaptação e se engajar ativamente na mudança e no crescimento de nossa sociedade. Enquanto você se prepara para dar o primeiro passo nessa jornada, eis alguns princípios a serem lembrados:

• Trabalhe para ter autoconfiança (um ingrediente fundamental na felicidade) e afaste-se do domínio traiçoeiro do consumismo.

• Mantenha todos os níveis de governo em padrões éticos e espirituais mais elevados.

• Esforce-se para se tornar um líder comunitário que trabalha para uma sociedade melhor.

De forma tradicional, o budismo enfatiza a derrota da pobreza, que é um importante obstáculo (se não for *o* maior) à nossa habilidade para alcançar a autoconfiança e o principal promotor do ódio, do crime e até mesmo da guerra. A autossuficiência econômica é um pré-requisito para uma comunidade estável que, por sua vez, assenta a base que permite a indivíduos e grupos seguirem os Oito Princípios Orientadores.

A comunidade global: criando uma sociedade melhor

Enfatizei que a jornada na direção daquilo que os budistas considerariam consciência e liberação deve começar com o indivíduo. Contudo, a discussão anterior sobre a pobreza como um obstáculo para vivermos os Oito Princípios Orientadores deixa claro que existem grandes questões globais ou sociais em jogo que podem facilitar ou dificultar a jornada, uma conclusão não surpreendente em um mundo interligado. É importante reconhecer essas questões e aquilo que precisamos fazer para lidar com elas, mas também não podemos perder de vista o fato de que somente o indivíduo responsável pode começar a realizar a mudança com outros.

Quando estivermos preparados para nos envolver com essas preocupações, haverá diversas questões a serem enfocadas. Ofereço as recomendações seguintes como um ponto de partida – para discussão e ação – para Criar uma Sociedade Melhor.

• *Precisamos de uma resposta global à globalização.* Os sistemas político, social, legal e judiciário não acompanharam as rápidas mudanças no mercado global. A estrutura legal para as empresas transnacionais que operam fora de suas fronteiras não está bem determinada, assim como a estrutura legal para empresas pequenas, locais que competem em seus próprios países com essas transnacionais bem estabelecidas. As nações em desenvolvimento precisam estabelecer estratégias, táticas e regras próprias para que possam negociar mais efetivamente com os países desenvolvidos.

• *A resolução de conflitos nas sociedades e entre elas deve ser fundamentada em nossa interdependência humana natural.* Guerras deveriam se tornar algo do passado. Uma sociedade melhor surgirá quando a indústria militar global for vista como a causa e não o impedimento do sofrimento.

• *Precisamos trabalhar para acabar com a fascinação pelo consumismo, que leva à aversão e à ignorância.* Precisamos responder com informação e educação para que a ênfase recaia na criação de comunidades autoconfiantes nas quais o consumismo e o materialismo sejam vistos pelo que verdadeiramente são: mitos de felicidade.

• *Se quisermos que as pessoas aprendam a ser responsáveis por suas intenções e ações, as sociedades nas quais elas vivem (incluindo seus sistemas políticos e legais) precisam ser descentralizadas, igualitárias e democráticas.* Atualmente, os executivos corporativos exercem mais poder do que o governo. Portanto, eles precisam compreender e respeitar essa responsabilidade de serem descentralizados, igualitários e democráticos. Mas, com muita frequência, a livre-iniciativa *irrestrita* confirma a autoridade, o poder e a ganância.

• *As Quatro Nobres Verdades são um modelo para Criar uma Sociedade Melhor.* Tal fato é verdadeiro de três maneiras. Primeiro, seguir as Quatro Nobres Verdades permitiria que as pessoas vivessem a vida sem medo da pobreza, da doença e da fome. Quando confrontadas com essas inseguranças, elas se tornam profundamente envolvidas no próprio sofrimento. Segundo, as pessoas seriam capazes de viver a vida livres da discriminação em todas as suas formas e da intervenção governamental sem discussão interna e consenso. A sabedoria, a tolerância, a compaixão, a benevolência e o acesso à educação seriam as características de nossas comunidades. Finalmente, as pessoas seriam capazes de alcançar a liberdade pessoal, seja por meio do uso criativo de seus talentos, seja por uma busca espiritual. Ao viverem pelas Quatro Nobres Verdades, as pessoas experimentariam a prescrição de Buddha: identificar seu sofrimento, compreender as cadeias de anseio, aprender que o desapego está a seu alcance e, finalmente, viver uma vida familiar, profissional e espiritual que segue o Caminho do Meio.

Como o budismo pode influenciar o capitalismo

A seguir, estão diversos exemplos do capitalismo atual e um exemplo daquilo que seria a influência budista neles.

• *O capitalismo hoje*: o capital ou o financiamento é obtido por meio de nossa riqueza, capital de risco ou, mais tradicionalmente, pela venda parcial do controle do negócio (ações, títulos e outros instrumentos financeiros). Com base nesse capital, uma entidade legal – uma corporação – recebe do governo a licença para realizar negócios.

A influência budista: as exigências para receber uma licença corporativa seriam ampliadas, incluindo a responsabilidade de Não Causar Danos e um enfoque na Criação de uma Sociedade Melhor. Um processo de renovação acompanharia cada licença corporativa. As licenças não seriam concedidas por um prazo indefinido e sem a responsabilidade de Não Causar Danos.

• *O capitalismo hoje*: aqueles que possuem habilidades empresariais usam o capital que adquiriram para criar produtos novos e inovadores para o mercado.

A influência budista: haveria a garantia de que esses produtos e serviços não causam danos a indivíduos, nem a comunidades nem ao meio ambiente.

• *O capitalismo hoje*: os locais de trabalho são criados para facilitar o planejamento, a produção e a distribuição de bens de consumo com o propósito de criar riqueza.

A influência budista: haveria a garantia de que os valores éticos que sustentam o bem-estar das pessoas e da sociedade são a referência pela qual se avaliam todas as atividades comerciais.

- *O capitalismo hoje*: a propaganda e o marketing de produtos levam a receitas de vendas que sustentam as despesas operacionais e proporcionam lucros. Esse marketing e a venda de produtos adotam o mantra "mais é melhor". A corporação não tem nenhuma obrigação nem responsabilidade quanto à maneira como seus produtos são usados. O comprador deve tomar cuidado com isso.

A influência budista: as corporações teriam de se responsabilizar pelos produtos que fabricam, por seu uso seguro (não prejudicial) e por manter o meio ambiente tão saudável quanto elas o encontraram. O princípio de Não Causar Danos se aplicaria igualmente ao produtor e ao usuário.

> Entre as nações mais ricas, os países economicamente desenvolvidos do "G8", a pobreza ainda é alarmantemente elevada. De acordo com o Human Development Report de 2004 (dados independentes autorizados anualmente pelas Nações Unidas), a pobreza, como uma porcentagem da população, nesses países é de:
>
> - Estados Unidos (17,0%)
> - Canadá (12,8%)
> - Itália (12,7%)
> - Grã-Bretanha (12,5%)
> - Japão (11,8%)
> - Alemanha (8,3%)
> - França (8,0%)
> - Federação Russa (sem dados)

- *O capitalismo hoje*: a folha de pagamento é uma despesa nos negócios, visto que diminui os lucros. Há uma relação direta entre "valores elevados da folha de pagamento" e baixa lucratividade.

A influência budista: os empregadores teriam a responsabilidade inerente de favorecer o bem-estar dos trabalhadores e reconhecer que as pessoas têm valor. Responsabilidade semelhante existiria para os trabalhadores com relação aos empregadores.

- *O capitalismo hoje*: os lucros podem ser retirados do negócio (por exemplo, bônus para os proprietários, dividendos para os acionistas etc.), reinvestidos em novas pesquisas e desenvolvimento de produtos ou utilizados para atualizar produtos ou tecnologias existentes.

A influência budista: haveria garantia de que a lucratividade refletisse tanto o sucesso financeiro quanto o bem-estar humano. Qualquer cálculo para determinar o valor da ação de uma corporação incluiria uma porcentagem destinada ao sucesso financeiro e outra ao desenvolvimento do trabalhador ou da comunidade. Se houvesse essas reais intenções, as diferenças apareceriam nas comunidades e ao redor do globo terrestre com o aumento do bem-estar humano, a diminuição da pobreza e melhorias na sociedade.

- *O capitalismo hoje*: o objetivo é vender mais produtos/serviços que nossos concorrentes e obter a maior fatia possível do mercado com as maiores margens de lucro.

A influência budista: haveria maior ênfase na colaboração e não na competição e em suas consequências vitória-derrota. O sistema econômico recompensaria a parceria, *os empreendimentos* conjuntos etc., que demonstrassem benefícios para a sociedade.

- *O capitalismo hoje*: para influenciar a escolha do comprador, utilizam-se propagandas sobre estilos de vida, relações públicas, filantropia etc., para destacar corporações e/ou suas marcas.

A influência budista: seria estimulada a colaboração de corporações, comunidades e governos para desenvolver e implementar padrões de propaganda éticos. O objetivo é Não Causar Danos e, ao *fazer isso, melhora*r continuamente o bem-estar das comunidades.

- *O capitalismo hoje*: criam-se grupos de *lobby* para influenciar legisladores e disponibilizam-se recursos financeiros para candidatos concorrerem a cargos políticos e interessados em negócios protegerem interesses corporativos, em questões que englobam da legislação trabalhista a regulamentos relacionados à saúde e à segurança ambiental.

A influência budista: a abstenção de restrições adicionais ou de intervenção governamental seria estimulada, mas *somente* se os negócios adotassem o Caminho do Meio sugerido nos primeiros passos. Ao aplicar o valor Não Causar Danos, a natureza *irrestrita* da livre-iniciativa diminuirá.

• *O capitalismo hoje*: em geral, a livre-iniciativa não tem tamanho nem limitações geográficas, portanto é uma extensão natural dos negócios entrar em outros mercados ao redor do mundo. As leis e os regulamentos do país de origem da corporação raramente se aplicam em outras partes do mundo.

A influência budista: o impacto prejudicial da globalização seria neutralizado com a inclusão dos valores humanos em uma nova iteração de capitalismo. Embora os esforços para assegurar que as leis de seu país governem uma corporação em outro local sejam importantes, seguir os passos anteriores contribui em muito para atenuar a necessidade desses regulamentos.

Uma "Sociedade Melhor" está evidente nos sete setores a seguir:

• *Filosofia*: consistente com as Quatro Nobres Verdades, o foco está na melhora da qualidade de vida e não no consumismo nem no materialismo – isto é, focalizar o ser e não o ter. Os Oito Princípios Orientadores tornam-se nossos critérios.

• *Valores*: com base no princípio da reverência por todos os seres sencientes, a compaixão e a não-violência favorecem a harmonia nas sociedades e entre estas e o mundo natural.

• *Indivíduos*: autoconsciência e autorresponsabilidade são as características. As práticas da Meditação Correta e da Concentração Correta são estimuladas e apoiadas.

• *Economia*: práticas cooperativas e não competitivas mudam a direção da livre-iniciativa. Isso incluiria uma redistribuição da riqueza para que todos os membros da sociedade desfrutassem um padrão de vida saudável e encorajador.

• *Recursos*: utilizados de acordo com a disponibilidade e sustentabilidade. Por consentimento mútuo, a fabricação de bens está limitada à satisfação das necessidades e exigências fundamentais da sociedade. Oferecer apoio para uma sociedade baseada no desejo de "não sofrimento"; os produtos e serviços são vistos não somente da perspectiva da necessidade, mas também d possibilidade de se tornarem apegos.

• *Ambiente*: a sociedade praticaria um gerenciamento sobre a natureza, para que as atividades humanas tivessem um impacto ambiental limitado.

• *População*: tamanho fundamentado na disponibilidade de recursos humanos e naturais; diversidade fundamentada na capacidade de uma sociedade para incluir diversas comunidades étnicas.

Conclusão

Meu grito não é por revolução, mas pela integração direta dos valores humanos em nosso sistema econômico. Isso só pode acontecer de maneira evolucionária, assim precisamos compreender melhor as relações interdependentes de causa e efeito entre a economia e o sofrimento humano. Então, precisamos determinar nossas prioridades: pessoas antes dos lucros, lucros antes das pessoas ou paridade entre os dois? Ao reavaliarmos nossas intenções, o capitalismo poderá evoluir para um sistema que incorpore os valores humanos sem perder os benefícios de uma economia de livre mercado.

Epílogo*

No âmago de minha tese, está a visão de que a comunidade empresarial tem a capacidade ainda inexplorada de mudar – para melhor – o mundo que criamos para nós mesmos.

A estratégia que calcula os sucessos e fracassos nos negócios vem da nossa atual ideia de livre-iniciativa. Pela própria natureza, a livre-iniciativa prefere a isenção do máximo de restrições (legislação, regulamentos etc.) que a sociedade poderia possivelmente impor. Por que ter limitações no caminho para o sucesso? E o sucesso tem somente uma definição universal: retorno do investimento cada vez maior (RDI). Nenhuma organização recebe elogios por administrar seus negócios com compaixão e sabedoria como sua *raison d'être*. Essas características não têm lugar em um mundo voltado para a globalização, o materialismo, as necessidades dos acionistas pelo retorno máximo – e cujo foco é aumentar o lucrativo resultado financeiro. Na realidade, não está em nosso vocabulário capitalista dizer que tivemos lucro demais – e até demais nunca é suficiente! Mas foi a ausência da compaixão e da sabedoria de nossas tradições espirituais na livre-iniciativa que levou a essa *ganância pelo excesso* e a suas consequências negativas – humanas, ambientais, sociais, entre outras.

Ao nos agarrarmos a uma ilusão de permanência e à visão de que o dinheiro é a solução "real", compreendemos mal o sofrimento de todos a nosso redor. Na verdade, eles são nós e nós somos eles!

Portanto, a livre-iniciativa pode fazer uma diferença positiva? As empresas podem abordar a diminuição da pobreza com a mesma visão

---

* De uma apresentação feita em uma conferência sobre "Espiritualidade no local de trabalho", no Toronto Metro Centre, por Lloyd M. Field.

e o rigor que utilizam para ganhar uma fatia maior do mercado? Acredito que sim.

A chave para que isso aconteça é deslocar a livre-iniciativa ou o capitalismo para a próxima iteração, criando um sistema em que o *índice de sucesso* seja um *cálculo combinado* representando o RDI (da mesma forma como é calculado agora) e critérios de avaliação para Não Causar Danos e Criar uma Sociedade Melhor. Juntos, precisamos criar esse índice. Algumas bolsas de valores – como a London Stock Exchange – estão trabalhando com ideias semelhantes.

Se implementarmos tais ideias, uma corporação poderia envolver-se em atividades como Não Causar Danos e Criar uma Sociedade Melhor porque isso faria parte das "novas regras" de *como nós fazemos capitalismo*. O sucesso seria indicado pela combinação entre liderar uma empresa lucrativa, Não Causar Danos a nenhum ser senciente e ao meio ambiente e contribuir para a melhora das comunidades. Com todos seguindo as mesmas regras, ninguém ficaria em desvantagem.

O ideal de diminuir o sofrimento humano está no âmago de toda tradição religiosa – não é uma ideia nova. Mas a compaixão e a atual iteração do capitalismo não se misturam bem – portanto, precisamos mudar as regras para que a *ganância pelo excesso* não seja mais valorizada como um atributo positivo nem uma medida de sucesso. Não se trata de uma questão de filantropia nem de Responsabilidade Social Corporativa, e sim de uma transformação para um novo sistema em que as ideias de um negócio bem-sucedido e as de um negócio fazendo o bem estão inextricavelmente ligadas.

Meu objetivo é iniciar um diálogo sobre as formas e os meios para incluir os valores humanos em nossa definição e práticas do capitalismo. Uma vez obtido aquilo que valorizamos, vamos valorizar primeiro e antes de tudo o bem-estar humano!

APÊNDICE I

Resumo de sugestões para iniciar mudanças positivas em nossas organizações

Planejamento estratégico

• Os Oito Princípios Orientadores e o Código Ético (Cinco Preceitos) serão nosso guia.

• Nós não aceitaremos nem iniciaremos quaisquer atividades comerciais que violem o Princípio Orientador do Meio de Vida Correto.

• Para assegurar resultados positivos, dedicaremos nosso tempo para criar um consenso e compreender a direção estratégica e as intenções da empresa.

• As declarações de Valor e Missão da empresa serão guiadas pela crença de que Criar uma Sociedade Melhor e obter um retorno de investimento *razoável* são valorizados pela organização.

Recursos humanos

• Nada é mais importante para nossa organização do que as pessoas que ela emprega. Nós as respeitaremos e as contrataremos adequadamente.

• Nossos líderes devem seguir os Princípios Orientadores e o Código Ético em todas as suas intenções, decisões e ações.

• Vamos garantir que todo trabalhador compreenda como sua posição e seu papel podem ter um impacto positivo no duplo objetivo de Criar uma Sociedade Melhor e ter lucratividade.

- Nossos empregados, depois de adequada introspecção, investigação, discussão e concordância garantirão que vão usar os Princípios Orientadores e o Código Ético em *todos* os seus relacionamentos.
- Em todas as interações profissionais, as pessoas receberão orientação sobre como aceitar mais autorresponsabilidade.
- Ao desenvolvermos e implementarmos políticas e práticas de Recursos Humanos, agiremos como se a legislação aplicável fosse o mínimo denominador comum.
- Todo local de trabalho terá um espaço tranquilo para o desenvolvimento pessoal (isto é, meditação, prece, reflexão pessoal etc.).

Marketing, vendas, propaganda, relações públicas
- Seremos guiados por comunicações honestas e transparentes com todos os interessados. A Fala Correta será nosso guia.
- Nós nos comunicaremos com integridade a respeito de produtos e serviços que assegurem o não sofrimento e a falta de apego do consumidor.
- A maneira de contribuir para Criar uma Sociedade Melhor dos produtos/serviços da organização será sempre evidente.
- Essas abordagens às comunicações públicas irão ressaltar o fato de que nosso compromisso de sermos lucrativos, ao mesmo tempo Criando uma Sociedade Melhor, demonstra nossa integridade.

Produção
- O bem-estar físico e emocional das pessoas vem em primeiro lugar; as metas de produção e os prazos de entrega ao cliente vêm depois.
- Não usaremos métodos, processos nem componentes que, no produto final, causem danos aos outros.
- Só criaremos produtos/serviços que aumentem o bem-estar das pessoas.
- Trabalharemos para recuperar o meio ambiente e proteger ecossistemas.

Finanças
- A transparência financeira será nosso lema.
- O sucesso financeiro e o bem-estar de trabalhadores e clientes serão equivalentes.

- Cumpriremos todos os compromissos com os interessados (isto é, garantias, dividendos, folha de pagamento).
- Não serão toleradas transações antiéticas nem ilegais.
- Não tomaremos decisões financeiras significativas que tenham algum impacto na vida dos trabalhadores e outros interessados sem seu consenso (isto é, mudanças no plano de pensão).
- Não serão toleradas medidas para evitar impostos que causem danos à comunidade como um todo.
- Não participaremos intencionalmente de transações ilegais, nem antiéticas, nem imorais.

Apêndice II

Exercícios para consulta individual

• Você concorda com o princípio budista de que tudo (de pensamentos a "coisas") é impermanente? Quais são as razões para sua resposta? Quais são as implicações desse princípio de impermanência para você, como um líder de negócios ou consumidor?

• Se pensa em sua carreira ou em seu trabalho como algo rotineiro ou até mesmo difícil – mas não pode deixar o emprego – como você lida atualmente com esse "sofrimento"? Considerando a mensagem de Buddha (sobre o sofrimento e o alívio do sofrimento), que opções lhe poderiam estar abertas?

• Sua organização tem uma responsabilidade social que vai além da maximização dos lucros? Quais as razões para sua resposta? Quais as implicações de sua resposta para você, sua comunidade e seu negócio?

• O lucro é o objetivo do negócio ou a medida para verificar como administramos os negócios? Quais são as intenções no âmago de sua resposta?

• Como líder empresarial, você acredita que a sobrevivência de seu negócio seja tão importante que você violaria a própria integridade – isto é, criaria sofrimento para os outros – para manter seu negócio em atividade?

• Concentre-se, por um instante, em todos seus bens. Após pensar nesses objetos por alguns momentos, pense em uma crise que tenha vivenciado – morte do pai ou de um filho, doença grave, um acidente de carro sério etc. Qual foi o valor ou a importância desses bens prediletos durante essa crise? Você consegue chegar à conclusão de que durante períodos de crise todos os objetos materiais tiveram pouca importância? Então, para você, qual é o verdadeiro valor do consumismo?

• Buddha teria argumentado que a livre-iniciativa irrestrita é prejudicial à sociedade – não é o Caminho do Meio. Qual é sua opinião a respeito dessa afirmação? Quais são suas sugestões para reduzir as consequências e aumentar os resultados positivos da atual iteração do capitalismo?

• Como acionista privado, você estaria disposto a receber menos rendimento de dividendos se isso significasse que as corporações se comportariam de forma a Não Causar Danos? Quais são as motivações por trás de sua resposta?

• Ao observar seus colegas, provavelmente você verá uma tendência a serem "homens de negócios" durante a semana e "pais de família" nos fins de semana. Você acredita que as pessoas podem separar a vida dessa maneira? Se você acha que sim, como defenderia que um indivíduo tenha diferentes valores essenciais – alguns no trabalho e outros em casa? Se você acha que não, descreva como as pessoas se dedicam holisticamente a tudo o que fazem.

• Como você ajudaria a implementar em sua organização o Valor Essencial de Não Causar Danos e Criar uma Sociedade Melhor?

• Até que ponto importa a maneira *como* uma corporação obtém seus lucros? O cumprimento das leis é suficiente para uma corporação afirmar que cumpriu suas responsabilidades éticas e morais?

• Atualmente, os Estados Unidos são o maior fabricante e comerciante de armas militares. Quais são as vantagens e desvantagens de estar nessa posição? Essa posição entra em conflito com os valores sociais e democráticos adotados por esse país?

• Os Estados Unidos passaram a existir porque seus cidadãos se revoltaram contra o poder excessivo do governo e de corporações. O Boston Tea Party e a subsequente Colonial War foram uma reação a uma corporação britânica com poderes de monopólio. Diante da atual influência comercial da economia americana nos mercados globais, o que as pessoas por trás do movimento de globalização ocidental aprenderam com essa história? De que maneira as atuais rebeliões, o terrorismo e as guerras são provocados pelo poder de transnacionais? Nesse quadro, onde se encaixam o fundamentalismo militante ou o terrorismo?

• Há claras evidências de que algumas centenas de corporações transnacionais dominam o comércio mundial e poucas megacorporações controlam a mídia mundial. Um número ainda menor de centros de pesquisa de primeira classe determina a agenda científica e tecnológica mundial. Os líderes dessas organizações têm poderes maiores do que a maioria dos governos. Atualmente essas realidades sustentam a economia global. Como você e sua família se beneficiaram e/ou sofreram com o resultado da globalização? Como a sociedade (tanto nos países desenvolvidos quanto naqueles em desenvolvimento) se beneficiou e/ou sofreu com o resultado da globalização?

• Para garantir que os clientes continuem comprando produtos e serviços, enormes valores são gastos em publicidade. O consumidor fica "preso" à ideia de que os bens materiais criam felicidade ou que levam ao não sofrimento. A mensagem publicitária de uma corporação (com respeito a esse tipo de ilusão) pode ser modificada? Se pode, como? Se não pode, por quê?

• O trabalho ou o papel que você desempenha contém quaisquer componentes ou aspectos que causam danos ou prejudicam os outros? Descreva o dano causado. Que opções há para você alterar seu trabalho ou sua corporação de maneira que não cause mais danos?

• Alterando as atitudes mentais para ficar totalmente presentes e bem informados a respeito daquilo que estamos fazendo (atenção constante), nós nos tornamos conscientes de nossas intenções e assim podemos fazer escolhas sobre aquilo que fazemos. Como sua companhia poderia alterar seu paradigma para que suas intenções fiquem claras para todos verem e discutirem? Essa mudança no paradigma seria uma ação positiva?

- Como as intenções positivas, inerentes aos Oito Princípios Orientadores, poderiam ser aplicadas em sua organização? Anote as ações a serem realizadas e desenvolva um cronograma para sua implementação.

APÊNDICE III

A prática: consciência plena de respiração com relaxamento*

A mente está ligada ao corpo; portanto, precisamos incorporar nosso corpo à prática meditativa. Em cada sessão, faremos isso primeiro colocando o corpo em seu estado natural e, ao mesmo tempo, impregnando-o com três qualidades: relaxamento, imobilidade e vigilância.

Postura

Em geral, é preferível praticar a meditação sentado em uma almofada com as pernas cruzadas. Mas, se isso não for confortável, você poderá sentar em uma cadeira ou deitar na posição supina (de costas) com a cabeça apoiada em um travesseiro. Seja qual for a posição escolhida, deixe as costas retas e acomode o corpo com uma sensação de relaxamento e tranquilidade. Os olhos podem ficar fechados, parcialmente fechados ou abertos, como você quiser.

Quando estou praticando a concentração correta de respiração, prefiro fechar parcialmente os olhos, deixando entrar apenas um pouco de luz, e gosto de meditar em uma sala suavemente iluminada. Use roupas largas, confortáveis, que não apertem a cintura nem o abdome.

---

* Extraído: de *The attention revolution*, de B. Alan Wallace.

Se estiver sentado, você poderá descansar as mãos sobre os joelhos ou no colo. A cabeça poderá estar ligeiramente inclinada ou ereta, voltada para frente, e a língua poderá tocar levemente o palato. Agora preste atenção nas sensações táteis de seu corpo, das solas dos pés ao topo da cabeça. Note as sensações nos ombros e no pescoço e se perceber qualquer tensão, libere-a. Igualmente, perceba os músculos do rosto – as mandíbulas, têmporas e testa, bem como os olhos – e solte qualquer área contraída. Deixe o rosto relaxar como o de um bebê adormecido e relaxe o corpo inteiro.

Nessa sessão, mantenha-se fisicamente o mais imóvel possível. Evite qualquer movimento desnecessário, como coçar-se e inquietar-se. Você vai descobrir que a imobilidade do corpo ajuda a acalmar a mente.

Se estiver sentado, assuma a "postura de vigilância": levante ligeiramente o esterno para que, ao inspirar, sinta as sensações da respiração indo naturalmente para a barriga, que se expande durante a inspiração e contrai durante a expiração. Durante as sessões de meditação, respire como se estivesse despejando água em um pote, enchendo-o de baixo para cima. Quando a respiração é superficial, somente a barriga se expande. Durante uma inspiração mais profunda, primeiro o abdome irá expandir e depois o diafragma e, ao inspirar ainda mais profundamente, finalmente o tórax expandirá depois que a barriga e o diafragma tiverem expandido.

Se estiver meditando na posição supina, posicione-se de forma que possa mentalmente desenhar uma linha reta indo do ponto entre os calcanhares até o umbigo e chegando ao queixo. Deixe os pés voltados para fora e estique os braços para o lado a cerca de 30 graus de distância do torso, com as palmas das mãos voltadas para cima. Descanse a cabeça em um travesseiro. Talvez você ache bom colocar uma almofada sob os joelhos para ajudar a relaxar as costas. A vigilância na posição supina é principalmente psicológica, uma atitude que considera tal posição como uma postura formal de meditação e não simplesmente como descanso.

Prática

Fique relaxado. Fique imóvel. Fique vigilante. Essas três qualidades do corpo devem ser mantidas durante todas as sessões de meditação. Depois de ter acomodado o corpo dessa forma, respire três vezes, lenta, suave e profundamente, inspirando e expirando pelas narinas.

Deixe sua consciência permear todo o corpo, notando quaisquer sensações surgidas com relação à respiração. Deleite-se com essas respirações, como se estivesse recebendo uma massagem suave vinda de dentro.

Agora respire naturalmente. Continue respirando pelas narinas, notando as sensações da respiração sempre que surgirem em seu corpo. Observe o fluxo da inspiração e da expiração, notando se é longo ou curto, profundo ou superficial, lento ou rápido. Não imponha nenhum ritmo à respiração. Acompanhe-a com atenção, mas sem intencionalmente influenciá-la de nenhuma forma. Não prefira um tipo de respiração a outro e não suponha que a respiração rítmica seja necessariamente melhor que a irregular. Deixe o corpo respirar como se você estivesse dormindo profunda, mas cuidadosamente vigilante.

Os pensamentos vão surgir involuntariamente e sua atenção também pode ser desviada por ruídos e outros estímulos do ambiente. Quando perceber que se distraiu, em vez de contrair os músculos e forçar a atenção de volta para a respiração, simplesmente libere esses pensamentos e distrações. Principalmente a cada expiração, relaxe o corpo, abandone pensamentos irrelevantes e alegremente volte a atenção para o corpo. Ao ver que sua mente está devaneando, não fique aborrecido. Apenas fique feliz por ter notado a distração e, suavemente, retorne à respiração.

De forma repetida, neutralize a agitação e a turbulência da mente relaxando mais profundamente e não contraindo o corpo nem a mente. Se surgir qualquer tensão nos ombros, rosto ou olhos, libere-a. A cada expiração, libere os pensamentos involuntários como se fossem folhas secas levadas por uma brisa suave. Relaxe profundamente durante a expiração e continue relaxando enquanto a próxima inspiração flui facilmente como a maré. Respire facilmente até sentir como se seu corpo estivesse sendo respirado pelo ambiente.

Continue praticando durante 24 minutos e então, cuidadosamente, saia da meditação e envolva-se novamente com o mundo a seu redor.

Glossário de termos budistas

Bodhisattva: aquele que renuncia a entrar no *Nirvana* até que todos os seres tenham sido ensinados e igualmente tenham avançado pelo caminho. Um *bodhisattva* demonstra extrema compaixão e sabedoria adiando sua entrada no *Nirvana* para ajudar os outros.

Buddha: um ser inteiramente iluminado; aquele que "despertou" completamente e está vivendo uma vida totalmente fundamentada na compaixão, na ética e na sabedoria. Com frequência, "Buddha" refere-se a Siddharta Gautama, o Buddha mencionado na História, que viveu na Índia há cerca de 2.500 anos.

Caminho do Meio: o caminho que evita os dois extremos da renúncia mística e da busca pelo prazer e outros esforços para gratificar nossos intermináveis desejos.

Cinco Obstáculos: estados mentais que bloqueiam nossas saudáveis qualidades inatas (por exemplo, compaixão, comportamento ético, sabedoria). Esses obstáculos intervêm negativamente no processo de meditação quando trabalhamos em direção ao despertar. Eles são: 1) o desejo por prazeres de qualquer um dos sentidos (no budismo, a mente é considerada um dos seis sentidos); 2) má vontade com relação a outros seres sencientes ou uma forma subjetiva de aversão por aquilo que é saudável em nosso ser; 3) letargia ou torpor; 4) preocupação, inquietação ou um estado de desconforto; 5) vacilação ou temor. Esses cinco obstáculos são, de uma forma ou de outra, aspectos da ganância, aversão e ignorância sobre a realidade. São obstáculos para as intenções positivas e comportamentos corretos (incluindo a meditação).

Cinco Preceitos: um código de conduta que expressa o propósito de nos proteger de intenções, pensamentos e comportamentos prejudiciais e incorretos. São os compromissos de: 1) abster-nos de prejudicar ou destruir seres vivos. Agindo com *bondade-amorosa* e compaixão é possível controlar a paixão do ódio e da raiva que, se não forem controlados, nos levariam a prejudicar os outros; 2) abster-nos de tomar aquilo que não é dado. Agindo com generosidade e sinceridade, estamos demonstrando que somos dignos de confiança, evitando assim tirar dos outros; 3) abster-nos do comportamento sexual inadequado como o adultério. Ao conter o desejo (em todas as suas formas), cultivamos a satisfação e mostramos respeito pelos outros, comportando-nos com integridade; 4) abster-nos do falso discurso, por exemplo, mentir, enganar, fofocar ou quaisquer comportamentos prejudiciais; 5) abster-nos de drogas, álcool ou quaisquer substâncias tóxicas que perturbam os sentidos (como causar incapacidade de atenção ou até mesmo de meditar) ou propiciam uma fuga da realidade. Ao sermos atentos, podemos compreender a realidade e demonstrar autocontrole sobre nossas intenções, pensamentos e comportamentos.

Dharma: os ensinamentos de Buddha mencionados na História ou ensinamentos budistas. Também se refere ao universo fenomenal.

Dukkha: o sofrimento em todas as suas formas (isto é, nascimento, doença, dissociação das pessoas amadas, não conseguir aquilo que desejamos, ganância, morte).

Iluminação: uma forma de expressar o "despertar" de um ser do sofrimento. É a não compreensão ou não percepção do vazio e da impermanência que mantêm todos os seres apegados ao sofrimento. Com a Iluminação, um ser compreende totalmente tudo isso.

Karma: literalmente, "ação"; a Lei cósmica de Causa e Efeito. Todas as ações caem em uma de três categorias: mental, verbal e física. É a intenção por trás da ação que é o karma. O karma pode ser positivo e saudável ou negativo e doentio. As sementes de ações saudáveis concretizam-se em efeitos e consequências saudáveis; as sementes de ações prejudiciais concretizam-se em efeitos e consequências prejudiciais.

Metta ou bondade amorosa: a preocupação com o bem-estar e a felicidade nossa e dos outros. Também pode ser considerada as intenções e os comportamentos positivos que superam o medo, a raiva/aversão e a ganância. A *metta* está relacionada ao Princípio Orientador da Intenção Correta e manifesta-se como generosidade.

Nobre Caminho Óctuplo: o Caminho é a Quarta Nobre Verdade, que conduz à libertação do sofrimento. O *Caminho Óctuplo*, ou os Oito Princípios Orientadores (conforme mencionado neste livro), está relacionado a intenções positivas ou não prejudiciais e formas corretas ou sábias para implementar esses Princípios. Os Oito Princípios e sua aplicação perspicaz compõem aquilo que chamamos de budismo.

Quatro Nobres Verdades: a base de todos os ensinamentos budistas. Usando uma analogia médica, a Primeira Verdade é o sintoma: existe sofrimento. A Segunda Verdade é o diagnóstico: nossos desejos e apegos provocam sofrimento. A Terceira Verdade é o prognóstico: existe cura. A Quarta Verdade é a prescrição: seguir o caminho que afasta do sofrimento, ou seja, o Caminho Óctuplo.

Samadhi: concentração total. É mencionada no Princípio Orientador da Concentração.

Samsara: o ciclo contínuo de nascimento e renascimento no sofrimento. Para deixar o ciclo de samsara, precisamos compreender as Quatro Nobres Verdades e caminhar pelo Caminho Óctuplo, isto é, precisamos criar um karma positivo em todas as nossas intenções. Livrar-se desse ciclo de sofrimento (nascimento e renascimento) é ter alcançado a liberação ou a iluminação.

Vipassana: meditação do *insight*. Uma meditação profunda que expõe a verdade sobre a impermanência, o sofrimento e a ausência do ego. O *insight* não é o resultado de uma simples compreensão intelectual, mas alcançado pela observação meditativa direta.

Leitura adicional

ARIYARATNE, A. T. *Buddhist economics in practice*. Salisbury: Sarvodaya Support Group, 1999.

ATTENBOROUGH, R. *The words of Gandhi*. New York: Newmarket Press, 1982.

AUTRY, J.; MITCHELL, S. *Real power: business lessons from the Tao Te Ching*. New York: Riverhead Books, 1999.

BARBER, B. *Jihad vs. McWorld*. New York: Ballantine Books, 1996.

BODDHI, B. *Noble Eightfold Path, way to the end of suffering*. Kandy: Buddhist Publication Society, 1984.

_____. *Middle length discourses of the Buddha*. Boston: Wisdom Publications, 1995.

_____. *Connected discourses of the Buddha*. Boston: Wisdom Publications, 2000.

BORITHARVWANAKET, K. S. *Metta: lovingkindness in Buddhism*. London: Triple Gem Press, 1995.

BRANDT, B. *Whole life economics*. New Society Publishers Gabriola Island, BC, Canadá: New Society Publishers, 1995.

CAPRA, F. *O ponto de mutação*. São Paulo: Cultrix, 2004.

CHAKRABORITY, S. K. *Management by values:* toward cultural congruence. New Delhi: Oxford University Press, 1992.

CHAPPEL, D. W. (Ed.). *Buddhist peacework: creating cultures of peace*. Boston: Wisdom Publications, 1999.

CHEETHAM, E. *Fundamentals of mainstream Buddhism*. Boston: Tuttle Company, 1994.

CLEARY, T. *Book of leadership & strategy:* lessons of the Chinese masters. Boston: Shambhala Publications, 1992.

DAMMA, R. *First discourse of the Buddha*. Boston: Wisdom Publications, 1997.

FIELD, L. *Unions are not inevitable!* 4th. Waterloo: Brock Learning Resources, 2001.

FITZ-ENZ, J. *ROI of human capital:* measuring the economic value of employee performance. New York: Amacom, 2000.

FOX, M. *Reinvention of work:* a new vision of livelihood for our time. New York: Harper Collins Publishers, 1994.

GOLD, T. *Open your mind, open your life*. Kansas City: Lionstead Press, 2002.

GOLDSTEIN, J.; KORNFIELD, J. *Seeking the heart of wisdom*. Boston: Shambhala Publications, 1987.

GUNARATANA, B. H. *Mindfulness in plain English*. Boston: Wisdom Publications, 1994.

_____. *Eight mindful steps to happiness*. Boston: Wisdom Publications, 2001.

HAHN, T. N. *Heart of the Buddha's teaching*. Berkeley: Parallax Press, 1998.
_____. *Interbeing*. Berkeley: Parallax Press, 1998.

HARVEY, P. *Introduction to Buddhism*. Cambridge: Cambridge University Press, 1990.

_____. *Introduction to Buddhist ethics*. Cambridge: Cambridge University Press, 2000.

HAWKENS, P. *Growing a business*. New York: Harper Collins, 1998.

_____. LOVINS, H. *Natural capitalism*. New York: Harper Collins, 1994.

HAWLEY, J. *Reawakening the spirit in work*. New York: Fireside/Simon & Schuster, 1993.

HERMAN, S. M. *Tao at work:* on leading and following. San Francisco: Jossey-Bass Publishers, 1994.

HERSHOCK, P. *Reinventing the wheel: a Buddhist response to the information age*. Albany: University of New York Press, 1999.

HOULDER, D. *Mindfulness and money*. New York: Broadway Books, 2002.

INOUE, S. *Putting Buddhism to work*. New York: Kodansha International, 1997.

KABAT-ZINN, J. *Wherever you go there you are*. New York: Hyperion, 1994.

KAZA, S.; KRAFT, K. (Eds.). *Dharma Rain*. Boston: Shambhala Publications, 2000.

KEYNES, J. M. *General theory of employment:* interest and money. London: MacMillan Publishers, 1939.

KOHR, L. *The breakdown of nations*. London: Kegan and Paul Publishers, 1957.

KORNFIELD, J. *A path with heart*. New York: Random House, 1993.

LARKIN, G. *Building a business the Buddhist way*. Berkeley: Celestial Arts, CA, 1999.

MACY, J. *Dharma and development*. West Hartford: Kumarian Press, 1991.

_____. *Mutual causality in Buddhism and general systems theory*. Albany: State University of New York Press, 1991.

_____.; YOUNG, M. *Coming back to life*: practices to reconnect our lives, our world. Gabriola Island: New Society Publishers, 1998.

MASLOW, A. H. *Maslow on management*. New York: John Wiley & Sons, 1998.

_____. MORI, M. *The Buddha in the robot*. Tokyo: Kosei Publishing Co., 1985.

NARADA, M. *Buddha and his teachings*. Taipei: Buddha Education Foundation, 1997.

PAYUTTO, B. *Buddhist economics*. Bangkok: Budhadamma Foundation Publications, 1992.

RADHAKRISHNAN, S. (Ed.). *Dhammapada*. New Delhi: Oxford India Paperbacks, Oxford University Press, 1997.

REICHOLD, F. *Loyalty effect:* the hidden force behind growth, profits, and lasting value. Boston: Harvard Business School Press, 1996.

RICHMOND, L. *Work as a spiritual practice*. New York: Broadway Books, 1991.

RINPOCHE, S. *The Tibetan book of living and dying*. San Francisco: Harper Collins, 1992.

ROSEN, R. *Healthy company.* Los Angeles: Jeremy P. Tarcher Publishers, 1991.

ROSENBERG, L. *Breath by breath.* Boston: Shambhala Publications, 1998.

ROWLAND, W. *How corporations rule the world and how we let it happen.* Toronto: Thomas Allen Publishers, 2005.

SADDHATISSA, H. *Budhist ethics.* Boston: Wisdom Publications, 1997.

SALZBERG, S. *Loving-kindness:* the revolutionary art of happiness. Boston: Shambhala Press, 1997.

SCHUMACHER, E. F. *Small is beautiful: economics as if people mattered.* New York: Harper Collins, 1973.

SETTEL, T. *Book of Gandhi wisdom.* Secaucus: Carol Publishing, 1997.

SIVARAKSA, S. *Seeds of peace:* a Buddhist vision for renewing society. Berkeley: Parallex Press, 1992.

SMITH, A. *Theory of moral sentiments.* Buffalo: Prometheus Books, 2001.

_____. *A riqueza das nações.* São Paulo: Hemus, 2003.

THURMAN, R. *Inner revolution.* New York: Riverhead Books, 1998.

TOYNBEE, A. J. *Study of History.* Oxford: Oxford University Press, 1987.

WALSHE, M. (Ed.). *Long discourses of the Buddha.* Boston: Wisdom Publications, 1995.

WARDER, A. K. *Indian Buddhism.* 3th. Delhi: Motilal Banarsidass Press, 2000.

WIMALA, B. Y. *Lessons of the lotus.* New York: Bantam Books, 1997.

Agradecimentos

Neste longo projeto, a generosidade que a família, os amigos e os colegas demonstraram só pode ser descrita como impressionante. Todos com quem conversei ofereceram bons conselhos e observações críticas. Se este livro alcançar seu objetivo de iniciar um diálogo sobre a natureza do capitalismo e de seu potencial impacto para melhorar o bem-estar humano, terá sido em grande parte graças ao generoso apoio de muitas pessoas.

Meus esforços não teriam visto a luz do dia se não fosse pela redação e apoio editorial de Lauren Nesbitt e meu filho, Russell.

O auxílio nas pesquisas e a revisão especializada foram proporcionados por Paul Born, M.A., Laszlo Bodnar, Ph.D., Richard Brooks, Otto Chang, Ph.D., Ari Dassanayake, Ph.D., Wayne Fisher, M.A., Thupten Jinpa, Ph.D., Upali Kuruppu, Ph.D., Michael Koo, Ph.D., Ron Knowles, M.B.A., Tilosewa Pelpola, L.L.B., Venerável Madawela Punnaji e Venerável Shish Miao Hsin.

Nos sombrios dias de depressão, o apoio e a claridade vieram de muitas pessoas – particularmente de minha esposa, Joyce, de nosso filho, Russell, de Lauren Nesbitt e de dois amigos especiais: Cheryl Leis, Ph.D., e Ron Pond, M.D.

Meu apreço vai para a equipe da Wisdom, especialmente para Josh Bartok e Gustavo Szpilman Cutz, pela assistência com a edição final, para Rod Meade Sperry, por seus esforços na promoção deste livro, e Tony Lulek, pela produção.

Serei eternamente agradecido pelo encorajamento e pela aprovação oferecida por H. H. o Dalai Lama, pelo Venerável Mestre Hsing Yun e pelo dr. A. T. Ariyaratne.

ÍNDICE REMISSIVO

A

Abraão (personagem bíblico), 44

agricultura, 54, 114

alcoolismo, 90

alegria, 17-8, 20, 36, 85, 101, 181
    abordagem Sarvodaya e, 90-2
    economia budista e, 132-8, 168, 171
    Três Venenos e, 29-37

Alemanha, 87-8, 189

Alemanha nazista, 63

amor, 11, 36, 101, 110 (*ver também* bondade amorosa)

Anderson, Sarah, 76

Angelita, Francesco, 88

ansiedade, 22, 34, 110, 117

apego, 19-20, 23, 31-4, 42, 82, 85, 100-3, 109-10, 115-8, 143-4, 154-8, 168, 175, 181-5, 192, 196, 209
    Caminho do Meio e, 36-7
    indivíduo compassivo e, 180-5
    Nobre Caminho Óctuplo e, 23-4
    Três Venenos e, 21, 29-37

Arias, Oscar, 31

Aristóteles, 37, 44

Ariyaratne, Ari T., 89-92, 102, 105, 132, 181

árvore *bodhi*, 99

ascéticos, 99

atenção, 47, 70, 116-8, 121, 201, 205, 208
    correta, 117
    de respiração, 117
    ética e, 142-3
autodisciplina, 32, 58, 111
    interesse, 58, 67-8
    organização, princípio de, 128-31
    renovação, 129
    respeito, 115
    responsabilidade, 151, 155-8, 171-3, 191, 196
    transcendência, 129
aversão, 21, 31, 82, 107-10, 113, 115, 156, 159, 180-3, 187, 207-8 (*ver também* Três Venenos)

B

Bacon, Francis, 44
Bakan, Joel, 80
Banco Mundial, 19
Barber, Benjamin R., 39
Bays, Jan Chozen, 97
Bodhi, Bhikkhu, 109-12
Bolívia, 80
bondade amorosa, 19, 31, 35, 110-1, 208 (*ver também* amor)
Brandt, Barbara, 123, 130
Brasil, 88
Breath by breath (Rosenberg), 121
British American Tobacco Company, 30
Buddha
    descrito, 100, 207
    economia budista e, 20, 132-8
    economia de Smith e, 58
    iluminação do, 99-100
    impacto do, 20, 43-4
    intenção correta e, 37, 109, 139
    kit de ferramentas budista e, 100-1
    meditação e, 118
    nascimento do, 99-100
    sobre o *Nirvana*, 101
    sobre pobreza e violência, 177
    Três Venenos e, 21, 29-37

Buddha's Light International Association, 14
Budismo Humanista, 14
Buksbazen, John Daishin, 121
Burke, James, 45
Burma, 126
Bush, George, 63
Butão, 179

C
Caminho do Meio, 20, 85, 93, 100, 115, 200
    capitalismo e, 36-7, 93
    descrito, 36-7, 207
    economia budista e, 132-8, 190-1
    globalização e, 93
    indivíduo compassivo e, 186-8
    organizações saudáveis e, 151-61
    Três Venenos e, 36-7
Canadá, 32, 189
Capitalismo
    abordagem Sarvodaya e, 90-3
    avanço global no, 78-80
    Barber sobre, 39
    Caminho do Meio e, 36-7, 93
    crescimento econômico e, 56, 64-8, 93
    economia budista e, 132-8
    economia de Smith e, 53-9, 78, 160
    Gandhi no, 71, 154
    irrestrito, 41-2, 93, 156, 182
    laissez-faire, 54-5
    prevendo o futuro e, 44-8, 93, 126
    Três Venenos e, 29-37
Capra, Fritjof, 68-71, 125, 132
causa e efeito, 23, 100, 108-9, 131, 170-1, 180, 192, 208 (*ver também* karma)
Cavanagh, John, 76
Chanda, Nayan, 77
Chang, Otto, 145, 217
Chomsky, Noam, 75
Cinco Obstáculos, 116, 207
Cinco Preceitos, 114, 144, 167, 172-4, 185, 195, 208

Cingapura, 179

Coca-Cola Company, 77-9

colonização, 55-7

comércio, 54, 57-9, 64, 78, 201

compaixão

    abordagem Sarvodaya e, 90-2

    concorrência e, 55-7

    Dalai Lama sobre, 11-2

    economia budista e, 132-8, 151-5, 193-4

    economia de Smith e, 58

    esforço correto, 151-5

    karma e, 35, 101, 112

    mensagem de Buddha de, adaptabilidade da, 20, 58

    Nobre Caminho Óctuplo e, 107-8, 114-6, 122, 187-8

    organizações saudáveis e, 151-5, 160-1

    transição para, 167-75

    Três Venenos e, 29-37, 110-1

conferência sobre "Espiritualidade no local de trabalho", 193

confiança, 137-8, 154-6, 160-1, 183-4, 208

consulta aberta, 83

consumidores, 21, 33, 43, 45, 64, 79, 125, 158, 170, 174, 196, 199, 201

    economia budista e, 47, 132-8

    educando, 35, 75-6, 83-4, 87

    globalização e, 86, 169

consumo de energia, 67, 76

contratação, 43, 65, 81, 160-1, 195

Coolidge, Calvin, 44

corporações transnacionais

(*ver também* globalização)

    Capra sobre, 70

    guerra e, 201

    indústria do tabaco e, 30

    influência global das, 75-7, 79, 187, 201

    legislação e, 67, 78-9, 83, 187

    silos e, 67-8

    sofrimento aumentado por, 19, 67, 79

corporation, The (documentário), 80

correto(a)
    ação, 23-4, 35, 42, 93, 109, 113-6, 185
    atenção, 117
    comportamento, 37, 108-9, 151, 207
    concentração, 23-4, 117-8, 191, 203
    entendimento, 23-4, 108-9, 120
    esforço, 23-4, 115-6
    fala, 23-4, 111, 196
    intenção, 23-4, 31, 37, 43, 93, 109-10, 185, 208
    meio de vida, 23-4, 114, 121, 133, 151-5, 172, 184, 195
    pensamento, 109-10, 115-6, 121

cosmologia, 103

Costa Rica, 31

crime, 57, 90, 118, 168, 186

crise populacional, 66

cristianismo, 59, 77, 89

Croácia, 88

cuidados com a saúde, 69, 71, 79, 91, 167

cultura da caça, 54

D

Dalai Lama, 12, 217 (*ver também* Buddha)

Darwin, Charles, 127

democracia, 39, 75, 79, 82, 157-8, 187

Descartes, René, 64

desejo, 13, 23, 31, 34, 63, 82, 101-3, 107, 109-11, 126, 182, 207-8

desemprego, 70, 134-5

desenvolvimento sustentável, 93

Dhammapada, 111

Dharma
    descrito, 101, 208
    roda, 100

Dharma and development (Macy), 58

disciplina, 33-4, 111, 116

distribuição de alimentos, 47-8

dívida, 19, 43, 136

dividendos, 20, 190, 197, 200

divulgação, 83

DNA, 20-1, 127

DynCorp, 63

E

ecologia, *ver* questões ambientais

economia

    auto-organização e, 128-32

    indivíduo e, 35, 43, 93, 133-8

    Keynes e, 64-70

    linear, 64-6, 70

    natural, 46, 68-72, 132

    sistemas, 13, 18, 33, 36-7, 43, 57, 69, 126, 130, 134-8, 167, 190, 192

    Smith e, 53-9, 65, 68-9

    surgimento condicionado e, 126-9

economia natural, 46, 68-72, 132

(*ver também* economia)

educação, 58, 69, 76, 91, 145, 156, 167, 187-8

ego, 18, 209

Eight mindful steps to happiness (Gunaratana), 109-10

Einstein, Albert, 44, 69, 172

empresas *Fortune 500*, 63

Enron, 29, 81, 114

Erasmo, 44

escravidão, 78, 114

estrutura de classes, 53, 56

ética (*ver também* moralidade)

    abordagem Sarvodaya e, 90-3

    dinheiro e, 20, 169-70, 196

    economia budista e, 47, 132-8

    economia de Smith e, 58-9

    interligação e, 43

    no trabalho, 13, 21, 131-2, 142-4

    Nobre Caminho Óctuplo e, 103

prevendo o futuro e, 31, 44-8, 126
princípios de, 145-6
Três Venenos e, 29-31
evolução, conceito linear de, 127

(FNB), 179
filantropia, 44, 173, 190, 194
Fo Guang Shan, 14
fofoca, 111-2, 208
Ford, Henry, 27, 134

F

fabricação, 81, 89
    economia budista e, 45, 132-8, 171, 189
    ética e, 45, 47, 120, 142, 174
    globalização e, 79
    Nobre Caminho Óctuplo e, 45, 171, 189
fabricantes de brinquedos, 142-3
Federal Reserve (Estados Unidos), 29
felicidade, 14, 17-8, 20, 35-7, 85, 90, 101, 107, 208
    globalização e, 109, 186-92
    Thinley sobre, 179
    Três Venenos e, 35-7
Felicidade Nacional Bruta

G

Galileu, 69
ganância, 12, 29, 82, 85, 115, 155 (*ver também* Três Venenos)
    capitalismo irrestrito e, 41-2, 64, 156, 167, 182, 187
    globalização e, 93, 182
    indivíduo compassivo e, 180-4
    intenção correta e, 31
    karma e, 108-13
    limites do excesso e, 31-7
    Nobre Caminho Óctuplo e, 101-2
Gandhi, Mahatma, 61, 71, 111, 154, 171
Gandhi Peace Prize, 89

General theory of employment, interest and money (Keynes), 64
generosidade, 19, 31-6, 59, 73, 136, 208
global (*ver também* globalização)
    comunidade, 186-8
    crise populacional, 66
globalização, 37, 55, 134-5, 193, 201
    capitalismo e, 75-6, 78-80
    Chanda sobre, 76-7
    pensar regionalmente e, 93
    reforma e, 82-5, 187
Goldstein, Joseph, 121
Grã-Bretanha, 53, 78, 189
Grande Depressão, 65
Grécia, 88, 103
Greenspan, Alan, 29
guerra, 19, 31, 36, 54, 63-4, 67, 71, 171, 186-7, 201 (*ver também* indústria militar)
    Guerra do Iraque, 63
    Guerra do Vietnã, 63
    Segunda Guerra Mundial, 56, 63
guildas, 156
Gunaratana, Bhante Henepola, 109-10, 117-8, 121

H

Halliburton, 63
Harvey, Paul, 81
Hawkens, Paul 68-9
healthy company, The (Rosen), 156
heart of the Buddha's teachings, The (Nhat Hanh), 17-8
Himachal Pradesh, 79
hinduísmo, 89
HIV/Aids, 19
Hollinger, 114
Hsi Lai Journal of Humanistic Buddhism, 145
Human Development Report, 189
humano(a)(s)
    direitos, 82, 142
    natureza, 55
Hussein, Mohamad, 82

I

ignorância, 21-3, 1, 108, 113, 156, 180-2, 187, 207 (*ver também* Três Venenos)

Iluminação, 100, 185, 208-9

impermanência, 81, 101, 185, 199, 208-9 (*ver também* mudança)

imposto, 30, 66, 75, 81, 128, 197

Índia, 78-9, 89, 99, 207

individual, 33, 68, 100, 107, 111, 137, 141, 144, 154, 170
    consulta, exercício para, 199-202

indivíduo(s), 20, 33, 36, 42, 61, 70-1, 82, 85, 102, 105, 109, 125-6, 146-7, 152-8, 167-9, 173-4, 180, 186-8, 191
    economia e, 35, 43, 93, 133-8

indústria de bebidas alcoólicas, 114

indústria do *fast-food*, 86

indústria do petróleo, 63-4

indústria do tabaco, 30, 32, 83, 114, 173

indústria farmacêutica, 19, 45

indústria militar, 187 (*ver também* guerra)

industrialização, 89-90, 134

Inglaterra, 58, 86, 88

Insight meditation (Goldstein), 121

Institute for Policy Studies, 76

intenção, 24, 31, 37, 44, 47, 58, 93, 102, 107-11, 119-20, 149, 153, 173

interligação, 42-3, 102, 113, 126-31, 170
    economia budista e, 126-7, 132-8
    economia de Smith e, 59

International Buddhist Progress Society, 14

investimentos "verdes", 21, 137

J

Japão, 56, 88, 189

Jesus, 44

Johnson & Johnson, 45-6, 144

judaísmo, 59
justiça, 11, 54, 58, 89, 97, 180

K
kaizen, 56
karma, 23, 108-9, 112, 180, 208 (*ver também* causa e efeito)
    descrito, 35, 101
    economia budista e, 132-8
    Nobre Caminho Óctuplo e, 109-11
    organizações saudáveis e, 155, 159
    Três Venenos e, 35
Keown, Damien, 101
Keynes, John Maynard, 64-5, 68-70
Klein, Naomi, 75
Kohr, Leopold, 125
Kraft Foods, 173

L
lavoura, *ver* agricultura

legislação, 55, 58, 65 (*ver também* regulamentos)
    ações corretas e, 113-4, 143
    globalização e, 67, 78, 83, 87-8
leis de devolução, 75
libertação, 18, 21-2, 58, 81, 97, 103, 173, 185, 209
    limites de, 23, 100-1, 154
livre-arbítrio, noção de, 129
livre-comércio, 37, 56, 77
lobby, 65, 78, 147, 190
Lockheed Martin, 63
Lovins, Amory, 68-9
Lovins, Hunter, 68
Lucro
    abordagem Sarvodaya e, 90-2
    desejo de, Schumacher sobre, 126, 128
    economia de Smith e, 56-7
    globalização e, 67, 85-6
    negócios além do, 41-8

organizações saudáveis e, 153-4, 159-60

prevendo o futuro e, 31-2, 44-8, 78, 126

M

Macy, Joanna, 58

Madre Teresa, 44

Maomé, 44

marketing, 30, 138, 142-3, 146, 189, 196 (*ver também* propaganda; relações públicas)

materialismo, 36, 42, 84, 85, 174, 191

    economia budista e, 128, 132-8

    globalização e, 186-7, 193

McDonald's, 86-7

Mead, Margaret, 15

medicina, 70

meditação, 22, 24, 100, 110, 116-8, 121-2, 172, 191, 196, 203-5

Meditação para todos (Gunaratana), 121

mente-macaco, 117

mercado de ações, 29, 83

metafísica, 103

métodos empíricos, 100

metta, *ver* bondade amorosa

missão

    declarações, 144-7, 195

    indivíduo compassivo e, 175, 185

    prevendo o futuro e, 44-8

moeda, 80, 169

monopólios, 55, 57, 146, 201

Montserrat, 179

Moralidade (*ver também* ética)

    economia budista e, 132-8

    economia de Smith e, 53-9

    mensagem do Buddha de, adaptabilidade da, 20

movimento Sarvodaya, 89-93, 101-2, 132

mudança, 11, 32, 43-6, 84, 109, 137, 168-71, 195-7 (*ver também* impermanência)

    constante estado de, 19, 23, 81, 127

globalização e, 37, 167, 186-8
prevendo o futuro e, 44-8, 64-5, 126

N
Nações Unidas, 79, 189
não violência 111, 133 (*ver também* violência)
narcóticos, 32, 168
Nehru, Jawaharlal, 136
Nepal, 99
Newton, Isaac, 69
Nhat Hanh, Thich, 17-8, 129
Nirvana, 101, 207
Nobre Caminho Óctuplo, 23, 103, 146, 151, 159
    descrito, 107-22, 209
    economia budista e, 132-8
Noruega, 88

O
objetivos, 12, 13, 44, 53, 64, 68, 93, 108, 126, 137, 141, 144-5, 152, 173
operações fora do país, 79-80, 83, 145
Organização Internacional do Trabalho (OIT), 79
Organização Mundial da Saúde (OMS), 30
organizações sem fins lucrativos, 47-8, 102

P
padrão de vida, 56-7, 79-80, 191
paz, 20, 78, 89, 116, 168-9, 174, 181
Pentágono, 63
PepsiCo, Inc., 79
Petrini, Carl, 88
Philip Morris Company, 30, 173
Produto Interno Bruto (PIB), 76, 179
planejamento estratégico, 17, 70, 187, 193, 195
Produto Nacional Bruto (PNB), 64-5, 71, 179

pobreza, 18-9, 31, 34, 36, 48, 66, 69, 89, 99, 101-2, 105, 171, 180, 189
    abordagem Sarvodaya e, 90-2
    Buddha sobre a, 177
    economia budista e, 132-8, 186, 190
    economia de Smith e, 53-9
    globalização e, 76-7, 89, 93, 186-8
    Três Venenos e, 29-37

ponto de mutação, O (Capra), 69-70, 125

posse da propriedade, 34, 37

preceitos, *ver* Cinco Preceitos

Prêmio Nobel da Paz, 31

prevendo o futuro, 44-8

Primeira Nobre Verdade, 22, 102, 143 (*ver também* Quatro Nobres Verdades)

Princípios Orientadores, 23, 102-3, 107-19, 121, 130, 144-6, 195-6, 202, 209

    avaliando o sucesso e, 167, 172-5
    indivíduo compassivo e, 180-1, 185-6
    organizações saudáveis e, 151-2, 157-60

privilégio, proteção de, 54

propaganda, 30, 77, 86, 142, 146, 173, 189-90, 196 (*ver também* marketing; relações públicas)

protecionismo, 55

psicologia, 70

Q

Quatro Nobres Verdades, 13, 172, 187-8, 191
    aplicando, 101-2
    descritas, 22-4, 209
    ética e, 109
    globalização e, 81-4, 186-92
    Primeira Nobre Verdade, 22, 102, 143

Quarta Nobre Verdade, 23, 102, 107-8, 133, 209

Segunda Nobre Verdade, 23, 102, 143

Terceira Nobre Verdade, 23, 102

questões ambientais, 19, 46, 56, 63, 69-71, 120, 145, 183, 188

    economia budista e 88, 91, 132-8, 171, 192-4, 196

    globalização e, 18, 67, 75-6, 79-80, 83-5, 93

R

Rabi'a al-Adawiyya, 33

raiva, 110-1, 113, 180-1, 208

Raytheon, 63

"rede viva" de seres, 127

referenciais de excelência para uma sociedade melhor, 47-8

reforma, 75, 82-4

regulamentos, 29, 190-1, 193 (*ver também* legislação)

relações públicas, 46, 77, 141-2, 146, 190, 196 (*ver também* propaganda; marketing)

Renascença, 44

renascimento, 100-1, 209

respiração, atenção de, 203-5

responsabilidade

    autorresponsabilidade, 151, 155-8, 171-3, 191, 196

    globalização e, 186-92

    mudança como nossa, 168-9

    prevendo o futuro e, 43-8

resultados financeiros, noção de, 31, 141-7

retorno do investimento (RDI), 193-4

Revolução Francesa, 54

revoluções, 34

riqueza das nações, A (Smith), 54, 57-9, 69

Rosen, Robert, 154, 156

Rosenberg, Larry, 121

S

Sagan, Carl, 127
salário(s), 43, 65-6, 71, 79, 133-5, 155-7, 170, 189, 197
    economia de Smith e, 54, 57
    globalização e, 78-80
    mínimo, 48, 65
samsara, 35, 100, 209
Schumacher, Ernst, 126, 128, 132-3
Schweitzer, Albert, 44
Segunda Guerra Mundial, 56, 63
Segunda Nobre Verdade, 23, 102, 143 (*ver também* Quatro Nobres Verdades)
Siddharta Gautama, 18, 99-100, 207 (*ver também* Buddha)
silos, 67-8
simplicidade, virtude da, 133, 136
sindicatos, 44, 131, 151, 155-60 (*ver também* trabalho)
Slow City Movement, 86-8
Slow Food initiative, 86-7
Small is beautiful: economics as if people mattered (Schumacher), 126
Smith, Adam, 51, 53-9, 65, 68-9, 76, 78, 160
socialismo, 37
Sócrates, 44
sofrimento
    economia budista e, 132-8, 192
    economia de Smith e, 53, 58
    ética e, 114, 152, 160
    ganância e, 42, 64, 181
    globalização e, 18-9, 37, 67, 79, 187-8
    Nobre Caminho Óctuplo e, 46, 100, 107-22
    organizações saudáveis e, 152, 156-60
    Quatro Nobres Verdades e, 22-4, 101-3, 143, 175, 182-5
    Três Venenos e, 21, 29-37
Sri Lanka, 89, 102
Suíça, 88
Suzuki, David, 127

T

Tailândia, 67

taxas de juros, 32, 65

taxas de rotatividade, 131, 153

Taylor, Frederick, 134

tecnologia, 63-7, 87-8, 127, 145-6, 169, 190

teoria dos sentimentos morais, A (Smith), 54

Terceira Nobre Verdade, 23, 102 (*ver também* Quatro Nobres Verdades)

terrorismo, 34, 201

Thinley, Lyonpo Jigmi Y., 179

trabalhador(es)

    carta de direitos, 155

    crescimento econômico e, 56, 65

    empregadores e, relacionamento de, 43, 157-8, 189

trabalho (*ver também* trabalhadores, sindicatos)

    condições de, 79, 155-6

    divisão de, 55-7, 134

    economia de Smith e, 56-8

    globalização e, 77-80, 188-90

    infantil, 21, 79

    redefinição de, 71

tradição islâmica, 59

transparência, 83, 196

Três Venenos, 22, 29-37, 103, 168, 172

    Caminho do Meio e, 36-7

    descritos, 21

    limites do excesso e, 31-3, 156

Tylenol®, 45

U

União Europeia, 79

União Soviética, 63

V

valor Criando uma Sociedade Melhor (*ver também* valores)

    acionistas e, 160, 194

doze passos para, 171-5

mudança e, 69, 169, 180, 194

Princípios Orientadores e, 121-2, 186-8

responsabilidade social e, 85-7, 167-8

valor Não Causar Danos (*ver também* valores)

capitalismo e, 46, 188-92

critérios de avaliação, 47-8

declarações de valores e, 46, 119-22

doze passos para, 171-5

economia budista e, 132-8, 179-81

Nobre Caminho Óctuplo e, 133, 152-3, 182-6

organizações saudáveis e, 146, 154

valor(es) (*ver também* valor Não Causar Danos; valor Criando Uma Sociedade Melhor)

capitalismo e, 39, 41-2, 69, 167-8

crescimento econômico e, 65, 93

declarações, 143-7, 195

economia budista e, 53, 132-8

indivíduo compassivo e, 180-6

livre-mercado, 93, 192

Nobre Caminho Óctuplo e, 108, 116-9, 185

prevendo o futuro e, 31, 44-8

velhice, 23, 66

verdade, *ver* Quatro Nobres Verdades

violência, 110, 173, 177, 180 (*ver também* não violência; guerra)

visão de mundo holística, 22, 65, 70, 85, 120

crescimento econômico e, 34-5, 44-5

Nobre Caminho Óctuplo e, 108, 120-1

visão, 44-6, 57-8, 64-6, 69, 87, 128-9, 134-5, 152, 168-9

W

Wallace, B. Alan, 203

Wal-Mart, 78

World Business Council for Sustainable Development, 169-70

World Human Resource Congress, 179

WorldCom, 29, 81, 114

Worldwatch Institute, 75, 119

Y

Yun, Hsing, 13-4, 217

Z

Zen meditation in plain English (Buksbazen), 121

Obras na área de Budismo publicadas pela Editora Gaia:

A cura definitiva – O poder da compaixão*
Lama Zopa Rinpoche

A essência do sutra do coração
Sua Santidade o Dalai Lama

Autocura tântrica I – Proposta de um mestre tibetano
Lama Gangchen Rinpoche

Autocura tântrica II – Autocura tântrica do corpo e da mente, um método para transformarmos este mundo em Shambala
Lama Gangchen Rinpoche

Autocura tântrica III – Guia para o supermercado dos bons pensamentos
Lama Gangchen Rinpoche

Coragem para seguir em frente
Lama Michel Rinpoche

Dzogchen – A essência do coração da Grande Perfeição
Sua Santidade o Dalai Lama

Iluminação cotidiana – Como ser um guerreiro espiritual no dia a dia
Venerável Yeshe Chödron

Introdução ao Tantra – A transformação do desejo
Lama Yeshe

Mania de sofrer – Reflexões inspiradas na Psicologia do Budismo Tibetano
Bel Cesar

Mente em conforto e sossego – A visão da Iluminação na Grande Perfeição
Sua Santidade o Dalai Lama

Morte, estado intermediário e renascimento no Budismo Tibetano
Lati Rinpoche e Jeffrey Hopkins

O caminho para a iluminação
Sua Santidade o Dalai Lama

O lapidador de diamantes – Estratégias de Buddha para gerenciar seus negócios e sua vida
Gueshe Michael Roach

O livro das emoções – Reflexões inspiradas na Psicologia do Budismo Tibetano
Bel Cesar

Oráculo I – Lung Ten – 108 predições de Lama Gangchen Rinpoche e outros mestres do Budismo Tibetano
Bel Cesar

Viagem interior ao Tibete – Acompanhando os mestres do Budismo Tibetano Lama Gangchen Rinpoche e Lama Michel Rinpoche
Bel Cesar

* prelo